FAŞİZM
NEDİR

VE

TÜRKİYE ÖZGÜLÜNDE
FAŞİZM ÜZERİNE

Erdogan A

Faşizm nedir konusuna değinen bu broşür konu üzerine yapılan yorumlar, sorulan sorular, öneriler, eleştiriler ve katkılar temelinde hazırlanmış, bu anlamda, olası her soruya ve kafa karışıklığına– olabilecek en kısa özetlemelerle - cevap vermeyi amaç eden kolektif bir çalışmanın ürünüdür.

Marksizm'in diyalektiği herhangi bir konuyu en detaylı bir şekilde kısa bir yazıda anlatmayı imkânsız kılar. Ayni şekilde ülkelerin farklı yapıları ve ülkeler içindeki özgül ekonomik değişimlerin yarattığı farklı durumlar ve şartlar nedeniyle gerek Faşizmin geliş - gelişme biçimleri ve gerekse pratiğe yansıma biçimleri bunları "mutlak doğru" bir "kalıp" olarak genelleştirmeyi de imkânsız kılar, ve "ayağı somut gerçek" yerine, "kalıplaştırmalara" basan soyut, öznel değerlendirmeleri de işçi sınıfının mücadelesine zararlı sonuçlama-lara götürür. Faşizmin genel ve mutlak olan tek doğrusu onun; "tekelci emperyalizme özgün", "herhangi bir ekonomik-siyasi kriz karşısında onların -en azından bir kısmının- var olan sistem biçimiyle politikalarını devam ettiremeyip, daha da baskıcı olan yeni bir sistem biçimi getirmeye zorunlu kalmaları" sınıfsal değerlendirmesidir.

Broşür "kaynaklar "da belirtilenler de dahil olmak üzere, ağırlıkla Palme Dutt'ün, Dimitrov'un, ve eleştiri amacıyla Poulantzas'ın değerlendirmelerine dayanmaktadır.

İçindekiler

Burjuvazinin her politikasının kesin bir şekilde **belirlenmiş işlevsel önemi vardır.** Mali kapitalizminin politikası, mali sermayenin **üretim temelini daha geniş** ölçekte <u>yeniden</u> **üretmektir.** Kişi kendini, bir politikanın kendini gösterdiği <u>biçimlerin analiziyle sınırlayamaz</u>; örneğin, bir politikayı "fetih", "genişleme", "şiddet" vb. olarak tanımlamakla yetinilemez. Kişi, **o verili politikanın** <u>üzerinde yükseldiği</u> ve <u>genişletmeye</u> hizmet ettiği <u>temeli</u> **analiz etmelidir."** (1)

ÖNSÖZ

Bir ülkede **faşist sistemin var oluşu ya da olmayışı** tespiti Marksist Leninistler açısından gerek strateji ve gerekse taktiksel olarak hayati öneme sahiptir. Asgari mücadele ve azami birbirinden kopuk değil, birbirine sıkı sıkıya bağımlıdır. Herhangi bir özgüldeki somut bir **"Faşizm" değerlendirmesi** sadece o asgarideki devrimci cephe, Halk Cephesi ve Burjuva demokrasisi ile ilgili tavrımız sorunu ile ilgili değil, aynı zamanda devamındaki olası bir devrime geçiş köprüsü olarak "birleşik cephe hükümeti" sorununu ile de yakından ilgilidir. Çünkü, **Faşizm ve savaş durumlarında** "güçler dengesinin" hızlı değişimler içinde olan "dengesiz " bir niteliğe sahip olduğu tarihi örneklerle kanıtlanmıştır.

Böylesine önemli bir konuda "başlangıcından bu yana **Türkiye de faşizm vardı"** söylemi ne kadar yanlış ve devrimci mücadele açısından zararlıysa, Faşizmin somut olarak var olduğu bir dönemde **"Türkiye'de faşizm yok "** demekte o kadar yanlış ve işçi sınıfının mücadelesine o kadar zararlıdır. Birisi "ezberci" sol sapmanın, diğeri kendi yasallığına dayanarak yapılan reformist "sağ sapmanın" göstergeleridir. Nihai sonuçta her ikisi de İşçi sınıfının mücadelesine zarar veren sapmalardır.

GİRİŞ

Faşizm bir hükümetin diğer bir hükümet tarafından değişmesi değildir. Egemen sınıfların her politikasının önceden belirlenmiş siyasi bir amacı vardır. Faşizmin gelişinin en önemli, ve onu diğer tüm Burjuva Demokrasi biçimlerinden ayıran **en temel ve belirgin NEDENİ,** burjuvazinin önceden belirlenmiş politikalarını var olan sistem biçimiyle yaşama uygulayamayacakları gerçeğidir. Var olan (toplumsal) egemen ideolojinin de bu amaca uygun olmaması durumu ve "yeni" bir egemen ideoloji yaratma **ZORUNLULUĞU** da en **önemli göstergelerinden birisidir.**

Burjuva demokrasisi ile Faşizm arasındaki politikaların pratik sonuç benzerlikleri – pratiğe yansımaları konu üzerine kafa karışıklığını oluşturan nedenlerdir. Her ikisinde de ekonomik - politik kriz sonucu baskıcı yöntemler kullanılır. Her ikisi de işçi sınıfının mücadelesinin bastırılması için baskıcı, yıldırıcı önlemler alır. Ancak **sadece Faşizm de** -güçler dengesine bağımlı olarak- **parlamento ya ortadan kaldırılır, ya da büyük ölçüde işlevsiz hale getirilir, sistemin biçiminde, anayasada** kökten değişiklikler yapılır, **devletin bütün kurumları** planlanan politikaların yaşama uygulanabilmesi için ele geçirilir, ve gerekli olan **YENİ egemen ideolojinin** oluşturulması için **seferber edilir.**

Kamu **sektörlerinin özelleştirilmesi** -ya da İtalya da olduğu gibi - kimisinin önce kamulaştırılıp sonra sermayenin belirli kesimlerine devredilmesi her ne kadar da Burjuva Demokrasilerinde de bir ölçüye kadar görülse de , **Faşizmde bu en yaygın pratik haline gelir.**

Faşizmin diğer bir özgünlüğü onun askeri-leşme ve **SAVAŞ eğilimidir.**

İleride tarihi örneklemelerle görebileceğimiz gibi, ikisi arasındaki belirgin fark Faşizmin, aldatmanın yanı sıra temel olarak **BASKI ve ZOR** yöntemiyle çalışması. Burjuva Demokrasinin ise, zorlamanın yanı sıra **öncelikle ALDATMA** yöntemiyle çalışmasında kendisini gösterir. Faşizmin tanımlanmasındaki kafa karışıklığı genel olarak faşizmin ortaya çıkışının ekonomik, toplumsal, ve ideolojik etkenlerin diyalektik bağlantılarından koparılarak analiz edilmesi ve-ya da sadece toplumsal yaşama yansıyan pratikleri temelinde değerlendirme yapılmaya kalkılmasındandır. Kimi yerde ise Faşizmin genel **"felsefi"**, **"akademik"** açıklamalarına dayanarak faşizmin tanımlaması yapılmaya çalışılmakta ve herhangi bir özgülde faşizmin var ya da yok olduğuna karar verilmeye çalışılmaktadır. Gerçekte ise sınıfsal ilişkilerden, özgülde ve - veya geneldeki krizden, güçler dengesinden kopuk tüm bu analizler, faşizmin yükseliş nedenlerine ilişkin **somut hiçbir bilgi vermez**. Çünkü, faşizmi tanımlamaya ve özgülde varlığı ya da yokluğu üzerine temel alınmaya çalışılan tüm bu dayanaklar **Faşizmin oluşmasının "sebepleri"** ile ilgili değil, **"sonuçları"** ile ilgilidir; yani Faşizmin kendisini değil, onun **geliş şekli, geliş sürecini** belirleyen etkenlerdir. Faşizm onun genelde ve özgüldeki ekonomik gelişmelere, krizlere direk bağımlı olarak, **sınıfsal oluşumu, ve sınıfsal işlevi** temelinde bir bütün olarak ele alınması gerekir.

Özgüldeki "güçler dengesi" – işçi sınıfı hareketinin güçlülüğü, güçsüzlüğü, tavanda değil, tabanda, "toplumda egemen olan ideoloji" sadece Faşizmin **geliş biçimi** ve **geliş süresini** belirlemekle kalmaz, aynı zamanda devamında **topluma yansıyan pratiklerinin şekillerini** de belirler. Her ülke yapısı aynı olmadığından, her ülkedeki geliş biçim ve süresi, yansıyan pratikleri belirli ölçüde **farklılıklar gösterecektir.** Yani Faşizm **"her ülkeye uyan bir reçete"** temelinde oluşmaz, pratik yansımaları da "şablon" gibi aynı şekilde olamaz.

Üçüncü Komintern'in kongresi sürecince ve devamında Faşizm üzerine yapılan tartışmalar ve ortaya koyduğu çeşitli tespitler genel olarak **faşizmin özünü, sınıfsal niteliğini belirlemesine rağmen**, geliş şekli ve topluma yansımaları, temel olarak **o özgüldeki** gelişmiş kapitalist ülkeleri ele almıştır. Komintern de ki tartışmalardan da anlaşılabileceği gibi **Faşizm,** öncelinde ortaya çıkmış olan tüm baskı rejimlerinin özelliklerden farklı olarak, **"yeni bir ideolojiyi"** egemen kılarak toplumun çeşitli katmanlarını peşine takma ve onları kendi siyasal hedeflere yönlendirerek, toplumsal yaşamın her alanını kuşatan, tekelci kapitalizme özgün **"yeni bir otoriter"** sistemdir.

Komintern'deki tartışmalar, genellikle birbirinden farklılıklar taşıyan İtalya, Almanya, Avusturya da ki faşizmi temel alarak, **özgül dönemine uygun olarak Faşizmin** işçi sınıfının yükselen devrimci mücadelesine karşı burjuvazinin başvurduğu bir baskı ve terör sistemi olarak tanımlamış, var olan devrimci koşulların işçi sınıfı tarafından avantaja dönüştürülememesi **ve bu eksiklikte "sosyal demokrasinin" reformist eğilimlerinin** rolü eleştirilmiştir.

Marksist Leninistler, Komintern'in "**Faşizmin** işçi sınıfının yükselen devrimci mücadelesine karşı burjuvazinin başvurduğu bir baskı ve terör sistemi" olarak tanımlamasını Marksizm'in Diyalektiğinden kopuk, mekanik bir şekilde ele alarak "işçi sınıfının devrimci mücadelesi zayıfsa, tekelci sermayenin Faşizme başvurmasının bir gereği yok" gibi **sonuçlara ulaşmazlar.** Faşizm, gerek herhangi bir ülkede **ekonominin dengesiz gelişmesi** sonucu ortaya çıkan krizler *(Brezilya ve Türkiye örneği)*, gerekse genelde ekonomik krizlerin **yaşandığı** herhangi bir özgülde, burjuvazinin gerekli gördüğü **"yeni politikaları "** uygulamayı, **"yeni ideolojiyi"** egemen-leştirmeyi ve var olan **"demokratik"** yöntem ve **"araçlarla"** yönetmeyi imkânsız gördüğünde uygulamaya koyduğu <u>bir sistem biçimidir.</u>

İşçi sınıfının devrimci mücadelesinin yüksek ya da zayıf olması – **güçler dengesi** – Burjuvazinin Faşizmi yaşama geçirilmesi için **bir engel değildir**, sadece **onun geliş biçimini** ve **geliş sürecini etkileyen**, sonucunda **pratik yansımalarda** kendini gösteren **önemli bir etkendir.**

Burjuva akademik, felsefi! yaklaşımlarla, ya da sadece yansıyan sonuçlara bakarak Faşizm teorisi üretmek ve bu temelde herhangi bir özgülde faşizmin var olup olmadığı konusunda tespit yapıp sonuçlandırmak, bir Marksist Leninist'in değil, bilinçli (reformist ve Troçkist varyasyon) ya da bilinçsiz (bu tür eğilimler ya da kendi-kendini sansürleme oportünizmi) bir şekilde var olan **"yeni tip otoriter"** yani **Faşist sistemin** çıkarlarına hizmet etmekle sonuçlanmıştır ve sonuçlanacaktır.

Dimitrov "Birçok ülkede faşizme karşı geliştirilmesi zorunlu olan kitle mücadelesi, yerini, faşizmin, **"genel" niteliği** üzerine **içi boş tartışmalarla** ve partinin acil siyasi görevlerini belirleme ve çözmede dar sekter bir tavır 'a bıraktı ...Saflarımızda, affedilmez bir şekilde, henüz hala her yerde üstesinden gelinememiş olan faşizm tehlikesini KÜÇÜMSEME vardı…. BÖYLE GÖRÜŞLER, faşizm tehlikesine karşı UYANIKLIĞIN gevşemesine ve proletaryanın **faşizme karşı mücadele için seferber edilmesinin** daha da GÜÇLEŞMESİNE hizmet etmiştir. "" diyordu. (7)

Burada konu üzerine kafa karışıklığını biraz olsun ortadan kaldırmaya hizmet etmek için, Faşizmin Marksist Leninist bakış açısı ve tarihi tecrübeleri ve bu özgül değerlendirmeleri temelinde konuya mümkün olduğu kadar özetlenmiş ve kısa bir şekilde değinmeye çalışacağım.

Her şeyden önce faşizmin her ülkeye ve duruma uygun tek tip bir dünya görüşü olmadığı, var olan şartlara ve duruma uydurulabilecek eklektik bir niteliğe sahip olduğu gerçeğini kavramak gerekir. Palme Dutt ün vurguladığı gibi **"Faşist görüşün muğlaklığı ve belirsizliği tesadüfi değil,** içsel ve kaçınılmazdır."

".. tüm abartılı iddialara ve aksi yöndeki girişimlere rağmen, farklı, bilimsel bir doktrinler ve dünya görüşü sistemi anlamında **Faşizmin ayırt edici bir "teorisi" yoktur.** Yalnızca **bir uygulama vardır:** ve bu uygulamayı perdelemek için, **o özgülün amacına hizmet edebilecek,** genellikle **bir faşizm ve diğeri arasında** en büyük teorik çelişkili sonucu ortaya çıkaran (örneğin ırk teorilerinde) **her türlü teori,** ilke veya kurumdan **ödünç alınan** "tüylerle süslenmiş" bir karışımdır. **Ödünç alınan tüyleri kuşla karıştırmak, Faşizmin özünü anlamamak demektir.** Ya da metaforu değiştirirsek, Faşizmin "teorik temelinin" son derece "ideal" ve "ruhsal" açıklamalarını araştırmak isteyenlere **koyun postunu kurtla karıştırmak** kendini gerçekte bir koyun ve **kurt için uygun bir av olarak** ortaya çıkarmak **anlamında** uyarıda bulunula bilinir.

Faşizm, tarihsel gerçekte **teorisiz bir hareket olarak büyüdü** - yani **gerçekte proleter devrimine karşı negatif bir hareket olarak** (*karışık ulusal-şovenist ve sözde devrimci sloganlar kullanarak*) büyüdü ve temel olarak **proleter harekete karşı** şiddet içeren **ve hukuk dışı yöntemlerin kullanımıyla kendini ayırt etti.**

Faşizmde özgün veya **yaratıcı hiçbir şey yoktur.** Faşizm de bir tane bile **yaratıcı fikir** ya da **başarının izi bulunamaz. "** (2)

Yani Palme Dutt ün özetlediği gibi, Faşist muğlak ve oradan buradan ödünç alınmış, burjuvazinin özgüldeki çıkarlarına uyarlanmış ideolojisi, ve bu yöndeki propagandasının özü ve niteliği, çürüyen bir sistemin egemenliğini sürdürme konusunda **Faşizmin sınıfsal rolünün kaçınılmaz bir ifadesidir.**

Bu nedenle, faşizm üzerine **onun sınıfsal özü, niteliği ve bu rolünden** kopuk bir şekilde yapılan tanımlama ve değerlendirmeler, **faşizmin bu özelliğini perdelemeyi hedefleyen,** ya da bilinçsizce perdeleyen, son tahlilde faşizme hizmet eden burjuva, reformist, Troçkist -yani karşı devrimci tanımlama ve değerlendirme olmanın üzerini geçemez.

Bunu söyledikten sonra, faşizm konusundaki farklı görüşlere, geliş nedenleri, biçimleri, süreçleri ve yansımaları gibi konulara değinerek konunun detaylarına mümkün olduğu kadar kısa ve özet bir şekilde değinelim. Özet içinde tekrarlamaların olması kaçınılmaz ama konunun anlaşılması için zorunludur.

Faşizm Nedir - Görüşler

Faşizm mali sermayenin gerici bir diktatörlüğüdür. Ancak **her gerici diktatörlükte Faşizm değildir.** Herhangi bir özgül konuda "Faşist pratik" değerlendirilmesi en geniş burjuva demokrasisi içinde geçerlidir, monarşist bir sistem içinde geçerlidir. Ancak "yansıyan pratik" sistemin "Faşizm " olduğunun belirleyici göstergesi değildir.

Marksist Leninistler tarafından gerek Komintern içinde gerek se dışında Faşizmin **tanımının hiçbir zaman kapsamlı bir açıklama olması amaçlanmadı.** Faşizmin ülkelere ve özgül şartlara ve durumlara bağımlı olarak çok çeşitli geliş **biçimi ve pratiğe yansıma** özellikleri olduğu için, temel olarak onun **sınıfsal yapısını** ve **nesnel eğilimini** tanımlamak, **sınıflar üstü bir çeşit devlet olmadığını** ortaya sermek gerekliydi.

Faşizmin herhangi bir özgüldeki karakteri, soyut ideoloji ve soyut "teoriler" ile, hele de **parlamentonun varlığı gibi** tamamen "güçler dengesine" bağımlı pratik yansımalara bakarak tanımlanamaz. En çok kullanılan Reformist, Troçkist görüş; "eğer çok partili sistem varsa orada faşizm yoktur" dar kafalı iddiadır. **Faşizmin herhangi bir özgüldeki karakteri,** ancak onun sınıfsal temelini, **özgüldeki şartların ve durumların** içinde geliştiği ve işlev gördüğü bütün sınıfsal ilişkiler sistemini ve yerine getirdiği **sınıfsal rolünü inceleyip** açığa çıkarmakla tanımlanabilir.

Faşizm kapitalist gelişmenin ve çürümenin **özgül bir tarihsel aşamasına karşılık gelen somut gerçekliğiyle görülebilir.** Faşizmin **sınıfsal analizini** yapmaya çalışmadan özgülü değerlendirmeye çabalarsak, kendimizi iki taban tabana zıt bakış açısıyla buluşuruz; birisine göre faşizm, hem proletaryaya hem de büyük sermayeye karşı **orta sınıfın veya küçük burjuvazinin bağımsız bir hareketi** ve sistemidir.

Diğerine göre faşizm, **mali sermayenin çıkarlarının aracı ve etkin temsilcisi olarak hareket eden,** bu amaçta orta sınıfın ve morali bozuk, umutsuz, yılmış işçi sınıfı unsurlarının örgütlü **işçi sınıfına karşı desteğini** kullanmayı amaçlayan **mali sermayenin bir "iktidar silahıdır".**

"Faşizm, proleter devrim tehdidiyle karşı karşıya kalan emperyalist burjuvazinin pratikte verdiği tepkidir."

Faşizm, kapitalizme karşı doğmuş bağımsız bir teori ve sistem olmanın ötesinde, küçük burjuvazinin hem proletaryaya hem de tekelci sermayeye düşman olan **bağımsız bir ideolojisi olmaktan uzak**, **tam tersine,** kapitalizmin emperyalist aşamasındaki başlıca eğilimlerinin ve politikalarının bazı aşırı çürümesinin koşullarında **en eksiksiz ifadesidir.**

Faşizmi tanımlamak ve somut gerçekliğine yerleştirmek için, **onun sınıf temelini,** onu doğuran ve içinde faaliyet gösterdiği sınıf ilişkileri sistemini ve finans kapitalin ona atadığı ve gereği gibi uyguladığı sınıf rolünü ortaya çıkarmak gerekir.

Faşizmi onun atasından - burjuva diktatörlüğünden - ayırmaya yönelik herhangi bir girişim, ancak saçma iddialarla sonuçlanabilir." (6)

Tüm ülkeler ve tüm halklar için geçerli olan, faşizmin her türden **evrensel gelişim planını ortaya koymak** büyük bir hata olur. Böyle bir plan yardımcı olmaz, ancak **gerçek bir mücadeleye devam etmemize engel olur.** Diğer her şeyden ayrı olarak, belirli bir aşamada faşizme karşı mücadeleye sokulabilecek veya en azından etkisiz hale getirilebilecek olan nüfusun, doğru bir şekilde yaklaşılmaması halinde faşizm kampına itilmesiyle sonuçlanacaktır.

Geniş bir kitle tabanına sahip olmadığı diğer ülkelerde **faşizmin zayıflığına ilişkin yanılsamaları beslemek de aynı şekilde tehlikeli olacaktır.** Bulgaristan, Yugoslavya ve Finlandiya gibi geniş bir tabanı olmamasına rağmen faşizmin devletin silahlı kuvvetlerine dayanarak iktidara geldiği ve ardından devlet aracından yararlanarak tabanını genişletmeye çalıştığı ülkeler örneğine sahibiz.

"Yoldaş Dutt, çeşitli ülkelerdeki faşist hareketin belirli özelliklerini hesaba katmadan, burjuvazinin tüm gerici önlemlerini yanlışlıkla faşizm olarak sınıflandırarak ve böyle yaparak, aramızda genel olarak faşizmi düşünme eğilimi olduğu konusunda haklıydı. Komünist olmayan kampın tamamını faşist olarak adlandırmak kadar yanlış.

Sömürge ve yarı-sömürge ülkelerde de, tartışmada belirtildiği gibi, bazı faşist gruplar gelişiyor, ancak elbette **Almanya, İtalya ve diğer kapitalist ülkelerde görmeye alışık olduğumuz türden bir faşizm söz konusu olamaz.** Burada, faşizmin üstlendiği ve kendine özgü biçimler almaya devam edeceği oldukça özel ekonomik, politik ve tarihsel koşulları incelemeli ve hesaba katmalıyız." (6)

Sağ Görüş teorisyenlerinden Angelo Tasca **faşizm ile kapitalizmi** eşitlemeyi reddeder, "faşizmi burjuvaziyle ve burjuvaziyi sosyal demokrat parti ile özdeşleştirmenin bir hata olduğu" konusunda ısrar eder. Tascaya göre, **"faşizm savaş sonrası dönemin özgül koşullarının ortaya çıkardığı tarihsel bir olgu** olmakla birlikte, faşizmin gelişimini **hazırlayan toplumsal şartların temelini ekonomik düzeyde ortaya çıkan bunalım oluşturur.** Ancak, bu ekonomik bunalım sıradan bir bunalım değil, genel bir ekonomik bunalım olduğundan sosyal sorunların da gelişmesine neden olur. Bu nedenle, ekonomik bunalımla ortaya çıkan "Sınıf mücadelesinin keskinleşmesi", "siyasi bir nitelik kazanması" ve karşı karşıya gelen güçler arasında nispi bir **denge durumunun** ortaya çıkması, yani **DENGE Teorisi** faşizmi tanımlamamıza temel sağlar. " (3)

Biraz farklılıkla "Denge teorisine karşı çıkan" Troçki'nin görüşlerine sağdan ve soldan en yakın ve "popüler" olan Thalheimer ve E. Bauer, ve ilave olarak O. Bauer (12), Bordiga da benzer teorileri savunur. Thalheimer derin bir sosyal kriz karşısında **proletaryanın ağır yenilgisinin Bonapartizm'in gelişiminin bir şartı** olarak karşımıza çıktığını, ve dolayısıyla Bonapartizm'in **proletarya devrimine karşı kendisini savunup güvence altına almak zorunda kalmış** olan burjuva iktidarının bir devlet biçimi olduğunu söyler. Bu tanımlamaya göre **eğer proletarya devrim yapmaya kalkmazsa**, ya da o güce ulaşmazsa Faşizmin gelişiminin **şartı ortadan kalkar.** Sonuç olarak Thalheimer'de **faşizm sorununu siyasi "güç dengesi "ne indirger.** (4)

Gene "denge teorisi" ile sonuçlanan E. Bauer'ün görüşüne göre, "faşizm, **burjuvazinin proletarya devrimi tehdidi altına girdiğinde değil,** proletaryanın zayıf düşmüş ve savunmaya çekilmiş olduğu, **devrimci dalganın durulmuş bulunduğu bir anda gelir".** (5)

Bu **ilk bakışta doğru** olarak görünen ve algılanan "denge" açıklaması, özünde **faşizmin tekelci emperyalizme özgü** olan sınıfsal karakterini ve rolünü, faşizmin geliş biçimi ve süreciyle direk ilgili konuları **temel alarak,** bunları öne çıkararak gizleyen **anti-Leninist yaklaşımdır.** Bu tanımlama bizi **Proletaryanın zayıf düşmüş ve savunmaya çekilmiş olduğu** her yerde ve her şartlarda **Faşizmin geleceği** ve zafere ulaşacağı sonuçlanmasına götürür. Bugün dünyanın bir sürü ülkesinde proletarya zayıf bir durumdadır, ama bu ülkelerde faşizm değil, burjuva diktatörlüğü hüküm sürmektedir.

Ayni şekilde, bu tanımlama bizi proletaryanın güçlü olduğu, burjuva iktidarını zorladığı **her ülkede ve her durumda** burjuvazinin faşizmi tercih ettiği ve getirdiği sonucuna götürür – ki bu da tarihi ve günümüz gerçekleri ile uyum içinde değil. Komintern'in somutlaştırdığı: **"Faşizm, mali sermayenin en gerici, en şoven ve en emperyalist unsurlarının açık terörist diktatörlüğüdür"** tanımlamasını irdelersek, bunun özgülde bir ülkede ve-ya da genelde ekonomik-siyasi bir **krizin var olmasıyla diyalektik bağlantılı** bir sonuç olduğu olgusunu görebiliriz.

Gelişmiş kapitalist ülkelerde İşçi sınıfının güçlü olduğu ve ideolojisinin tabanda "egemen" olduğu durumlarda *(somut şartlara bağımlı olarak)* Burjuvazi bu mücadeleyi **durdurmak** ya da faşizm sürecini başlatıp sonuçta onu tamamıyla bastırmak için son silahı olan **"sosyal demokrat" partileri harekete geçirir.** İşte bu içeriğinden, özgül ülke ve şartlarından kopuk ele alınarak kullanılan **"sosyal faşizm"** teorisi, ya da "sosyal demokrasinin **faşizmin ılımlı kanadı"** olduğu değerlendirmesinin temelini oluştur. Bu değerlendirme (kaçınılmaz olarak) gerek Sağdan ve gerekse Soldan -*her ikisi de Leninizm'in dışında oluşturulan dairenin bütünleşmiş çizgisidir*- eleştiriye maruz kalmış ve kalmaktadır.

Marksizm'in diyalektiği nedeniyle bir konudan diğerine geçmek kaçınılmaz bir sonuçtur, bu "geçişi" daha da azaltmak, ve konuyu daha anlaşılır kılmak için, bu değerlendirmenin temelini oluşturan tarihi **Faşizm deneyimlere değinmek,** öncelikle bu ülkelerde **Faşizme geçiş koşullarının,** Sosyal Demokrasinin rolünün, işçi sınıfının durumunun gözden geçirilmesi gerekiyor. İtalya, Almanya ve Avusturya tarihi örneklerini ele alarak bu konulara değinerek sadece "sosyal faşizme" değil, diğer önemli birkaç sorunu da açıklamaya yardımcı olalım.

Sosyal Demokrasi ve Faşizm

> **"Sosyal Demokrasi,** kitleleri giderek daha fazla yabancılaştırdı ve kitleler arasında yaygın bir hayal kırıklığına neden oldu. Bunu yaparken, işçi sınıfı içindeki burjuvazinin temsilcisi olarak kendini gösterdi ve böylece **kendisini kapitalizmin bir silahı olarak daha az etkili hale getirdi."** *(6)*

Bu üç ülkedeki Faşizmin gelişmesini inceleyen Palme Dutt aşağıdaki şu önemli açıklamaları getiriyordu;

"Faşizmin İtalya, Almanya ve Avusturya'daki tarihsel gelişimine ilişkin incelemeden, **Sosyal Demokrasinin,** Faşizme gelişmede oynadığı rolünün **belirleyici bir öneme sahip olduğu açıktır.** Savaş sonrası dönemin, modern Sosyal Demokrasinin ve Faşizmin yakından ilişkili bu iki olgunun anlaşılması, **savaş sonrası kapitalist politikanın** bütünüyle anlaşılması için **kilit öneme sahiptir.** Bununla birlikte, tüm soru tartışmalarla çevrilidir ve **eğer Faşizmin gerçek sorunları** ve Faşizmin büyümesinin **koşulları anlaşılacaksa,** çok dikkatli bir şekilde daha fazla analiz yapılmasını gerektirir.

Sosyal Demokrasi" teriminin burada **yalnızca savaş sonrası** olguyu kapsamak için kullanıldığı açıklanmalıdır."

Kapitalist egemenliğin sürdürülmesi, işçi sınıfının bölünmesine bağlıdır. Dolayısıyla burjuvazi için "asıl tehlike, **birleşik işçi sınıfı cephesidir:** Cepheye karşı askeri güç bile uzun süre galip gelemezdi. Dolayısıyla **kapitalizm, kendi saflarının dışında bir toplumsal temele ve işçi sınıfını bölmeye ihtiyaç duyar.** Bu, savaş sonrası dönemde Sosyal Demokrasi tarafından sağlanmıştır." (2)

"Sosyal Demokrasi, kapitalist yönetimin sürdürülmesinin ve **işçi sınıfının bölünmesinin** temelini sağlamıştı. Fakat Sosyal Demokrasinin işçi sınıfını bölmesini mümkün kılan nedir? Sosyal Demokrasinin sosyal temeli nedir? Burada, finans-kapital sözcüsünün analizi, Lenin'in emperyalist ülkelerdeki işçi sınıfındaki bölünmenin nedenlerine ilişkin analizine çok yaklaşıyor. Yazar, Sosyal Demokrasinin ve işçi sınıfının ayrıcalıklı koşullarda, sosyal yasalara ve imtiyazlara dayalı olarak, işçi sınıfının tercih edilen, örgütlü bir kesiminin ayrışmasının temelini bulur:

> Savaş sonrası burjuva rejiminin ilk yeniden yapılanma döneminde, 1923-4 1929-30 arasındaki dönemde, **işçi sınıfındaki bölünme,** Sosyal Demokrasinin devrimci yükselişi "sermayeleştirdiği" ücretlerdeki artış ve sosyal politika alanındaki **başarılara dayanıyordu.**

Orijinal olarak bir işçi partisi sosyal karakteri olması sayesinde, Sosyal Demokrasi, o dönemde salt siyasi gücüne ek olarak, daha değerli ve kalıcı bir şey, **yani örgütlü işçi sınıfını yeniden inşa** sistemine getirdi ve devrimci enerjisini felç ederken, **onları burjuva devlete hızla zincirledi.**

Kasım sosyalizminin aynı zamanda ideolojik bir kitle seli ve hareketi olduğu doğrudur, ancak bunun arkasında örgütlü **işçi sınıfının gücü,** sendikaların toplumsal gücü olduğu için, sadece 'bu değildi. Bu sel geri çekilebilirdi ama **sendikalar kaldı** ve onlarla birlikte ya da daha doğrusu onların sayesinde **Sosyal Demokrat Parti de kaldı.** Bu temelde, örgütlü **işçi sınıfının ana gövdesi,** Sosyal Demokrasi ve sendikalar aracılığıyla "burjuva devlete hızla zincirlenirken", Komünizm bir "savak *(baraj engeli)* mekanizması" ile dışarıda tutuldu.

Sosyal Demokrasi ve Komünizm arasındaki siyasi sınır, bu barajın sosyal ve ekonomik hattı boyunca neredeyse aynen uzanır; ve Komünizmin şimdiye kadar boşuna olan tüm çabaları, **sendikaların bu korumalı alanına** girmeye zorlamaya yöneliktir.

Bu sistem, dünya ekonomik krizinin istikrarın temelini yok etmeye başlamasına kadar yeterince iyi çalıştı.

Ekonomik kriz, kapitalizmi ücretlerin ve sosyal politikanın "kazanımlarını" ortadan kaldırmaya ve böylece **Sosyal Demokrasinin temelini baltalamaya zorladı.** Ancak bu, işçi sınıfı güçlerinin Komünizme geçme tehlikesini artırdı. Bu **nedenle işçileri bölmek için yeni bir araç bulmak gerekliydi.**

Ekonomik kriz **bu kazanımları zorunlu olarak yok ettiği için**, şu anda içinde bulunduğumuz geçiş süreci, keskin tehlike aşamasından geçer: bu kazanımların ortadan kalkmasıyla birlikte, bu kazanımlara dayanan işçi sınıfını dağıtma mekanizması işlemeye son verecek, bunun sonucunda **işçi sınıfı komünizm yönüne dönmeye başlayacak** ve burjuva iktidarı askeri diktatörlük **kurma gerekliliği ile karşı karşıya gelecektir.**

Bu aşama, burjuva yönetiminin çaresiz hastalığı aşamasının başlangıcını işaretleyecekti.

Eski savak mekanizması artık yeterince restore edilemediği için, **burjuva yönetimini bu uçurumdan kurtarmanın tek olası** yolu, işçi sınıfının bölünmesini ve onun **Devlet aygıtına** başka ve daha doğrudan yollarla bağlanmasını sağlamaktı.

Ancak yeni koşullar, devlet biçiminde bir değişiklik anlamına geliyordu.

Örgütlü işçi sınıfının Sosyal Demokrasi yoluyla Devlete bağlanması parlamenter mekanizmayı gerektirir; bunun tersine tersine, **liberal parlamenter anayasa**, ancak Sosyal

Demokrasinin **işçi sınıfını başarılı bir şekilde kontrol ettiği ve böldüğü** sürece tekelci kapitalizm için **kabul edilebilir.**

Eğer Kapitalizm, Sosyal Demokrasinin temelini yok etmek zorunda kalırsa, o zaman **parlamenter anayasayı** parlamenter olmayan **"sınırlı"** (yani Faşist) **bir anayasaya dönüştürmek** de aynı derecede zorunludur." *(2)*

Bu nedenle "Sosyal Demokrasi ve Faşizm **arasındaki ayrımın** anlaşılması, **paralelliklerinden daha az önemli değildir.**

""**Her ikisi** de tekelci sermaye yönetiminin araçlarıdır. Her ikisi de işçi sınıfı devrimine karşı mücadele ediyor. Her ikisi de İşçilerin sınıf örgütlerini zayıflatır ve dağıtır. Ancak ikisinin **yöntemleri farklıdır.**

Faşizm, işçilerin sınıf örgütlerini **dışardan** paramparça eder, tüm temellerine karşı çıkar ve **alternatif bir "ulusal" ideoloji öne sürer.**

Sosyal Demokrasi, sermaye politikasını daha etkin bir şekilde uygulamak ve tüm militan mücadeleyi ezmek için, önceki bağımsız hareket ve işçi geleneklerini ve disiplinini hala elinde tutan "Marksist" ideolojiyi temel alarak, **işçilerin sınıf örgütlenmelerine içeriden zarar verir.**

Dolayısıyla **faşizm,** tam olarak gerçekleştirilmesi için **"totaliter"** terörist **sınıf-devletini gerektirir.**

Sosyal Demokrasi, tüm militan mücadeleyi bastırmak için kendi "iç" disiplin yöntemlerini ve arada sırada Devlet baskısını kullanarak, **liberal-parlamenter sınıf-devlette** işçileri kapitalistler lehine en olumlu ve başarılı bir şekilde kontrol eder.

Faşizm, aldatmanın yanı sıra **asıl olarak zorla işler.**

Sosyal Demokrasi, zorlamanın yanı sıra **öncelikle aldatma yoluyla işler. "**

"**Stalin'in** 1924'te "Sosyal Demokrasi nesnel olarak faşizmin ılımlı kanadını temsil ettiği" *(10)* tanımının altında yatan, temel amaç ve roldeki **yöntem farklılığı ve paralellik** arasındaki bu **birleşik ilişkidir.** Çünkü "**Faşizm,** kökenini yalnızca tarihsel olarak büyük ölçüde Sosyal Demokrasiden almakla kalmaz, **aynı zamanda ideolojisini** esas olarak Sosyal Demokrasi tarafından **halihazırda geliştirilmiş olan** çizgilerden alır.

Ama **sosyal demokrasi ideolojisi,** faşizmin gerçek üreme alanı haline **savaş sonrası dönemde gelir.**

Sosyal Demokrasi, savaştan iki açıkça belirgin **özellik ile ortaya çıktı:** **birincisi,** her bir partinin kendi "ulusal", <u>yani emperyalist Devlet </u>ile yakın birleşmesi, ve en resmi "posta kutusu" enternasyonalizmi dışında her şeyin reddedilmesi;

ikincisi, işçi sınıfının refahının **gerekli koşulu olarak** kapitalist refahın inşasına yardımcı olmak için koalisyon bakanlığı ve sendikal iş birliği biçimlerinde **sınıf iş birliği.**

Savaştan sonra sosyal demokrasi iki **görevle karşı karşıya kaldı:** ilki işçi sınıfı devrimini yenmek; ikincisi, kapitalizmin parçalanmış yapısını **yeniden inşa etmeye yardım etmek.**

Birincisi Sosyal Demokrat liderliği gerici, militarist ve Beyaz Muhafız çevreleriyle **yakın ittifak haline getirdi** ve onu, **militan işçileri kurşunlama** konusunda hükümetin sorumluluğunu üstlenme konusunda **eğitti.**

Doğrudan iç savaş döneminin kapanmasının ardından kapitalist yeniden yapılanmanın **ikinci görevi,** Sosyal Demokrasi ve sendikaların tekelci **kapitalizmle daha yakın iş birliğini** gerektiriyordu.

Sosyal Demokrasinin yeniden yapılanma ve istikrar döneminde kapitalizmle bu iş birliği, buna karşılık gelen **yeni bir ideolojinin geliştirilmesini gerektirdi.** Savaş zamanının "Ulusal tehlike" **ideolojisi** ve "ortak düşmana" karşı birliğin gerekliliği artık barış zamanında **hizmet edemezdi.**

Yeniden yapılanma ve **istikrar döneminde yeni bir teorik temelin geliştirilmesi gerekiyordu.**

Marksizm, resmi olarak programda kalmasına rağmen, **özellikle sendika liderliği tarafından** aşağı yukarı açık bir şekilde terkedilmeye başladı."'" (2)

Sosyal Demokrasinin Faşizme Uyumu.

"Kapitalizm giderek daha fazla Faşist biçimlere doğru geliştikçe, kapitalizmin gölgesi olan Sosyal Demokrasi, zorunlu olarak buna karşılık gelen **bir uyum sürecinden geçer.**

Sosyal **Demokrasinin bu "faşistleştirilmesi"** süreci, onların açık diktatörlük biçimlerine artan desteğinde; İşçilere karşı silahlı şiddetin, savaş sonrası ilk yıllarda olduğu gibi sadece iç savaşta değil, barış koşullarında silahsız işçilere karşı kullanılması ve işçi sınıfı örgütleri içinde demokrasinin artan şekilde bastırılmasında kendini göstermektedir.

Faşist diktatörlüğün tam zaferiyle, bu uyum süreci sona ermiyor, tersine daha da aşırı biçimlere ulaşıyor.

Sosyal Demokrasi, başlangıç noktasını ve kökenini kapitalizm ve kapitalist Devlet ile iş birliği anlayışından alır. Bu çizgi, şiddet-devrimi yolunun tehlikeleri ve yıkımının aksine, sosyalizme doğru güvenli ve barışçıl, uyumlu, "**demokratik**" **ilerleme çizgisi olarak sunulur.**

1914-1933'ün tüm deneyimi, kaçınılmaz bir açıklıkla bu çizginin Sosyalizme, barışçıl ilerlemeye, hatta en sınırlı anlamda **demokratik biçimlerin sürdürülmesine değil**, işçi sınıfına ve kapitalist diktatörlüğün güçlendirilmesi ve nihayetinde, Faşizmin zaferine, emperyalist savaşa götürdüğünü gösterdi." (2)

Sosyal Demokrasi Faşizmin İktidara gelmesine Nasıl Yardımcı Olur?

"Birincisi, Sosyal Demokrasi proletaryayı ve proleter mücadelesini **düzensizleştirir.** Sosyal Demokrat ve sendika liderliği, işçi sınıfı safları içinde işverenlerin ve egemen sınıfın bir acentesi olarak hareket eder, yenilgiyi **ve aktif mücadeleye muhalefeti vaaz eder** ve işçi sınıfı mücadelesinin patlak vermesinin kaçınılmaz hale geldiği yerde, doğrudan mücadeleyi içinden kesintiye uğratır. Bu, en açık biçimde Sosyal Demokrasinin grevlerdeki rolünde görülmektedir.

İşçi sınıfı cephesini dağıtarak, grevleri kırarak, sınıf mücadelesini kınayarak, **yasallığı ve kapitalizme güveni vaaz ederek**, tüm militan unsurları kovarak ve sendikaların ve işçi sınıfı örgütlerini bölerek, **Faşizmin iktidara ilerlemesine yardımcı olmak Sosyal Demokrasinin temel yoludur."**

"Komünizme karşı savaş, Sosyal Demokrasi tarafından ön plana çıkarılır." *(2)*

"Bazı ülkelerde Sosyal Demokrasinin burjuva devletteki **konumu ve burjuvaziye karşı tavrının** değişmekte olduğu unutulmamalıdır.

Her şeyden önce, kriz, işçi sınıfının en güvenli kesimlerinin, bildiğimiz kadarıyla Sosyal Demokrasinin temel desteği olan sözde emek aristokrasisinin konumunu bile ciddi biçimde sarsmıştır. Bu kesimler de burjuvazi ile sınıf iş birliği politikasının uygunluğuna ilişkin görüşlerini giderek daha fazla gözden geçirmeye başlarlar.

İkincisi, raporumda işaret ettiğim gibi, bazı ülkelerde burjuvazinin kendisi burjuva demokrasisini terk etmek ve terörist diktatörlük biçimine başvurmak zorunda kalıyor, Sosyal Demokrasiyi yalnızca mali sermaye devlet sistemindeki önceki konumundan yoksun bırakarak, aynı zamanda, belirli koşullar altında, yasal statüsünden, ona zulmetmekte ve hatta bastırmaktadır.

Üçüncüsü, Almanya, Avusturya ve İspanya'da işçilerin yenilgisinden çıkarılan derslerin etkisiyle, büyük ölçüde burjuvazi ile sınıf iş birliği Sosyal Demokrat politikasından ve diğer yandan, Bolşevik politikanın ve devrimci Marksizm'in uygulanmasının bir sonucu olarak sosyalizmin Sovyetler Birliği'ndeki zaferinin etkisi, Sosyal Demokrat işçiler devrimci hale geliyor ve burjuvaziye karşı sınıf mücadelesine dönmeye başlıyor.

Bunun birleşik etkisi, **Sosyal Demokrasinin burjuvazinin bir kalesi olarak eski rolünü korumasını gitgide zorlaştırmak** ve bazı ülkelerde gerçekten imkânsız hale getirmek oldu.

Bunun anlaşılmaması, faşist diktatörlüğün Sosyal Demokrasiyi yasal statüsünden mahrum bıraktığı ülkelerde **özellikle zararlıdır.**

Artık tüm ülkelerde devam eden Sosyal Demokrat Partiler saflarında yaşanan devrimleşme süreci **eşitsiz bir şekilde gelişiyor**. Devrimleşen Sosyal Demokrat işçilerin bir anda ve kitlesel ölçekte tutarlı sınıf mücadelesi konumuna geçecekleri ve herhangi bir ara aşama olmaksızın Komünistlerle doğrudan birleşecekleri **hayal edilmemelidir**. Bazı ülkelerde bu, az ya da çok zor, karmaşık ve uzun süreli bir süreç

21

olacaktır, her halükârda esasen **politikamızın ve taktiklerimizin doğruluğuna bağlı olacaktır.** Hatta burjuvaziyle sınıf iş birliği konumundan geçerken, bazı Sosyal Demokrat Parti ve örgütlerin bağımsız örgütler veya partiler olarak bir süre daha var olmaya devam edeceği ihtimalini bile hesaba katmalıyız. Böyle bir durumda, elbette, bu tür Sosyal Demokrat örgütlerin veya partilerin burjuvazinin kalesi olarak görülmesi düşünülemez.

On yıllardır burjuvaziyle aşılanan sınıf iş birliği ideolojisini Sosyal Demokratların etkisi altında olan işçilerin, **yalnızca nesnel nedenlerin eylemiyle** bu ideolojiden kendi kendilerine kopmaları beklenemez. Hayır. **Reformist ideolojinin elinden kurtulmalarına yardım etmek bizim işimiz,** Komünistlerin görevidir. Komünizmin ilkelerini ve programını açıklama işi sabırla, yoldaşça sürdürülmeli ve bireysel Sosyal Demokrat işçilerin gelişme derecesine göre uyarlanmalıdır. Sosyal Demokrasi **eleştirimiz daha som**ut ve sistematik hale gelmeli ve Sosyal Demokrat **kitlelerin kendi deneyimlerine dayanmalıdır.** Unutulmamalıdır ki, öncelikle Komünistlerle sınıf düşmanına karşı ortak mücadeledeki deneyimlerinden yararlanarak, Sosyal Demokrat **işçilerin devrimci gelişimini kolaylaştırmak ve hızlandırmak** mümkün ve gerekli olacaktır. Sosyal Demokrat işçilerin şüphelerinin ve tereddütlerinin üstesinden gelmenin, **proleter birleşik cepheye katılmalarından** daha etkili bir yolu yoktur.

Birleşik cepheye yönelik tutum, Sosyal Demokrasinin gerici kesimleri ile devrimci hale gelen kesimler arasındaki dönüm noktasını işaret ediyor. İkincisine yaptığımız yardım, burjuvaziyle bir blokta yer alan gerici Sosyal Demokrasi kampına karşı mücadelemizi ne kadar yoğunlaştırırsak o kadar etkili olacaktır.

Birleşik bir cephe hükümeti yaratma sorununun acil bir pratik sorun haline geldiği bir durum ortaya çıktığında, bu mesele söz konusu ülkedeki Sosyal Demokrasi politikasının belirleyici bir sınavı haline gelecektir: **ya burjuvaziyle birlikte, yani faşizme doğru ilerleyen, işçi sınıfına karşı** ya da devrimci proletarya ile birlikte faşizme ve gericiliğe karşı, sadece sözle değil, eylemlerle. Birleşik cephe hükümeti kurulduğunda ve iktidardayken sorunun kaçınılmaz olarak kendisini nasıl sunacağı budur." (7)

Burjuva demokrasisine karşı **tavrımız her ülkede, her durumda, her koşulda aynı değildir.**

İtalya, Almanya ve Avusturya da Faşizm - farklılıklar

"Modern kapitalist politikanın olağanüstü gelişimi olan Faşizm neden İtalya'da ilk özgün ve eksiksiz biçimini geliştirdi? Faşizm, 1919'un başından beri - aslında 1915'in müdahaleci kampanyasından bu yana İtalya'da tohumu ekilmiş, filizlenmeye hazır bir şekilde da vardı" diyen Palme Dutt İtalya ve Almanya faşizmini şöyle karşılaştırıyor;

"Aslında, **faşizmin embriyonik biçimleri** İtalya'dan önce diğer ülkelerde, özellikle Finlandiya, Macaristan, Polonya ve Almanya'da çoktan gelişmişti. Ancak **Faşizmin ilk defa eksiksiz bir sisteme dönüştürüldüğü** ve devamındaki on yıl içinde tanınan **ana model haline geldiği yer İtalya oldu.** Bunun nedeni neydi? **Faşizmin proleter devrimin gözle görülür şekilde yaklaştığı**, ancak **reformist liderlik tarafından frenlendiği** yerde geliştiğini gördük. **İtalya'da savaştan sonraki gelişme** kesinlikle böyleydi. Ama savaşın hemen sonrası döneminde **proleter devrimi Almanya'da** İtalya'dakinden çok daha yakından tehdit etmedi mi? O halde bu farkın ve Almanya'da Faşizmin çok daha sonra gelişmesinin nedeni ne?

Bu soruya cevap, sadece Alman **proletaryasının çok daha güçlü** ve uzun süredir **devam eden direnişinde değil,** aynı zamanda iki ülkedeki **devrimci hareketin koşullarının temel farklılığında yatmaktadır.** Almanya'da bir kitle devrimi gerçekleşti; ama **Sosyal Demokrasi,** işçi sınıfı hareketinin ana gövdesinin kontrolünü elinde tutmayı ve **devrimin meyvelerini çalmayı başardı.**

İtalya'da ise sadece **bir devrim tehlikesi vardı;** ancak eski **Sosyal Demokrat liderlik kitle hareketinin etkin kontrolünü kaybetti.** Sonuç olarak, iki ülkedeki burjuvazinin **yöntemleri zorunlu olarak farklıydı.**

Almanya'da **proleter devrim aslında 1918'de eski rejimi devirdi;** ama işçiler, Sosyal Demokrat liderlik tarafından zaferlerinin meyvelerinden mahrum bırakıldı. **Burjuvazinin ilk aşamadaki görevi,** zaferi şimdilik sorgulanamayan başarılı **devrimi sınırlamak oldu.** Bu amaçla, Sosyal Demokrasinin doğrudan hükümet liderliği, tek kurtuluş olarak **burjuvazi için gerekliydi.** Ancak daha sonra, Sosyal Demokrasinin **etkisi zayıfladıkça** ve Sosyal Demokrasiye rağmen ve Sosyal Demokrasiye karşı **proleter devrim tehdidi büyüdükçe,** Alman burjuvazisi, işçi sınıfına karşı **Faşizm silahını** devreye sokmaya ihtiyaç duydu.

Öte yandan İtalya'da ise, **savaştan sonra hiçbir devrim yaşanmadı,** yalnızca, savaşın ardından devrimin gelmediği ülkelerin *(galip ülkeler)* en yüksek kitlesel devrimci dalgası olan kitlesel büyük bir **devrimci güç dalgası oluştu.** Sosyal Demokrasiyi, muzaffer devrimin sözde önderliği ve sesi olarak **iktidara getirerek zaten muzaffer olan bir kitle devrimini boğmak söz konusu değildi.** Hükümet, baştan sona doğrudan burjuvazinin elinde kaldı. Eski Sosyal Demokrat liderlik, hızla devrime doğru **ilerleyen kitle hareketinin kontrolünü kaybetti.** Burjuvazinin görevi, tehditkâr güce ulaşan **proleter devrimini önlemeye dönüştü.**

Bu amaçla **Sosyal Demokrasi,** işçi güçlerini örgütsüzleştirmek için fren görevini yerine getirebilirdi. Bu nedenle, işçi güçlerini ezmek için **faşizm gerekliydi.** İngiltere ve Fransa'nın tersine, İtalya'daki savaştan sonraki kitlesel devrimci dalga, **burjuva demokratik biçimleri yetersiz kılacak kadar yüksekti;** olağanüstü biçimler devreye sokulmalıydı. Ancak, açık ayaklanmaya ve hükümetin devrilmesine ve burjuvazinin iktidarı teslim etme belirtisi göstereceği **zorlamaya ulaşacak kadar yüksek değildi.** Burjuvazi, yalnızca iktidarının **biçimlerini ve yöntemlerini**

değiştirmek zorunda kaldı. Bu nedenle İtalya, Almanya'dan **daha düşük devrimci** gelişme düzeyine rağmen, Almanya'nın ancak daha sonra ulaştığı **yeni Faşist diktatörlüğün ilk örneğini verdi.** İtalyan Faşizmi, faşizmi, **önleyici bir karşı-devrim türü olarak ortaya çıkardı.** "

Almanya'da olduğu gibi, Avusturya'da da işçi sınıfının mücadelesi sorunu, yalnızca **Faşist darbesinin son aşaması** olan Şubat 1934 günlerine **dayanarak değerlendirilemez.** Değerlendirme aynı 1918 devriminin Almanya'da ve Avusturya'da da Sosyal Demokrasi tarafından boğulmasının **Faşizmin nihai zaferinin** temelini oluşturması gibi, bütün 1918-1934 gelişme **süreciyle bağlantılı olarak yapılmalıdır.**

Avusturya da Faşizm, Faşizmin iki rakip gücü olan Heimwehr ve Naziler arasında bir çatışmayı ortaya çıkardı ve rakip emperyalist ve Faşist Güçlerin Avusturya halkının canlı bedeni üzerindeki **egemenliği için verilen savaşı açıkça yansıtıyordu.** Tüm "ulusal", "popüler" ve "pasiflik" iddiaları görüntüsü altında, belirli mali-sermaye gruplarının şovenist yağmacı politikası **olarak Faşizmin gerçek rolünün daha çarpıcı bir kanıtı olamazdı.** Faşist Almanya ve Faşist İtalya'nın Faşist Avusturya bedeni üzerindeki savaşı, "Dünya Faşizminin görkemli barışının" ön- tadını sağlar. Bu güçlerin ikisi de **aslında işçi sınıfına karşı eşit derecede birleşmişlerdi,** ancak egemen konum için kendi aralarında keskin bir çatışma içindeydi. İlk aşamada, İtalyan Faşizmine tabi olan Dollfuss'un **Ruhban-Faşizmi** zafer kazandı; ancak olayların daha da gelişmesi, yine de bir kombinasyon değişikliğini ve Nazilerin ve Pan-Alman Faşizminin olası nihai hakimiyetini getirebilirdi. Bu durumda, **Sosyal Demokrat liderlik altındaki işçi sınıfı örgütlerinin ölümcül politikası,** bir Faşist grubu diğerine karşı, Dollfuss'u Nazilere karşı "daha az kötü" olarak desteklemek ve böylece her aşamada Faşizmin ilerlemesi ve zaferinin yolunu yumuşatmaktı.

İkincisi, Dollfuss'un faşist diktatörlüğü, Almanya'daki paralel Hindenburg-Hitler sürecinden bile daha açık bir şekilde, Dollfuss yönetimindeki **burjuva demokrasisinden doğdu.** Dollfuss, Batı Avrupa'da **"Faşizme karşı demokrasinin şampiyonu"** (*yani Alman Nazi tehdidine karşı*) olarak alkışlandı ve bu temelde Sosyal Demokrasi tarafından desteklendi ve hoş görüldü, aynı zamanda **Faşizme geçiş sürecini de sürdürüyordu.** Sonuna, işçilerin ayaklanmasının hemen arifesine kadar, **Sosyal Demokrasi**, kendi varoluşuna izin verilmesi şartıyla, Dollfuss'un acil bir diktatörlüğünü, parlamenter rejimin askıya alınmasını ve bir tür Korporatif Devlet kurumunu **kabul etmeyi ve desteklemeyi** teklif ediyordu --**Sosyal Faşizm çizgisinin en net, en bilinçli ifadesi.** Avusturya Sosyal Demokrasinin "daha az kötü" politikası burada, Almanya'dakinden daha az olmamak üzere kendi kendinin ezici teşhirini gösteriyor.

Üçüncüsü, **Avusturya işçi sınıfı, kapitalist dünyada var olan en yüksek düzeyde örgütlenmiş olanıydı.** Altı milyonluk bir nüfusta Sosyal Demokrat Parti'nin ücretli üye sayısı altı yüz bin, oy gücü ise bir buçuk milyon, Viyana'daki seçmenlerin yüzde 40'ı tüm ülkede seçmenlerin oranı yani yüzde 70'ti. Organizasyonda bir "bölünme" sorunu yoktu...**Faşizmin ilerleyişini ve zaferini**, işçi sınıfındaki komünizmin varlığından **"bölünme" nedeni ile** açıklama girişimi, böylece Avusturya örneğiyle ilk ve son olarak yıkıldı.

Sosyal Demokrasi, işçi sınıfı üzerindeki yegâne tam kontrolüyle övünüyordu ve bu nedenle sonuçtaki tek sorumluluğunu kabul ediyordu. Otto Bauer;

"Avusturya Emek Hareketi'nde bölünme olmadı; Komünistler yalnızca önemsiz bir azınlıktı. Böylesine güçlü bir partinin tamamen parçalanmış olması gerçeği artık doğal olarak tüm ülkelerde Sosyalistlerin dikkatini çekiyor "

Gerçekte ise, Avusturyalı işçiler bölündüler ve bu nedenle yenildiler; **ancak bölünme** Sosyal Demokrasi içinde, **işçiler ile liderlik arasında** ve **liderliğin pratikleri sonucunda** olmuştur. **Sosyal Faşist bir önderliğin varlığıyla** işçi sınıfındaki bölünmenin gerçek sorunu, böylece gizlenme olasılığının ötesinde açığa çıkmış oldu.

Dördüncüsü, **Avusturya Sosyal Demokrasisi**, ülkenin küçüklüğüne rağmen, teorik rolü ve yüksek örgütlenme derecesi ve sözde "pratik sonuçları" açısından, uluslararası Sosyal Demokrasinin ve özellikle de **Sol Sosyal Demokrasi lider partisi ve "model partisi" idi.** **Alman** Sosyal Demokrasisi ya da **İngiliz** emekçiliğinin Marksizm'i sanal ya da özel olarak reddetmesi ve kapitalizmi kabullenişinde çok daha göze batan bir şekilde ve yüzsüz olurken, **Avusturya** Sosyal Demokrat liderliğinin yozlaşması, "Avusturya-Marksizm'i" safsata düşünceleri arkasında perdelendi.

Dahası, **Politikaları gereği** kapitalizmin güçlenmesine ve Faşizmin ilerlemesine yardımcı olmak için her şeyi yapmış olsalar da, politikaları gereği mücadelenin yenilgisini kesinleştirmiş olsalar da, onu hazırlamada, örgütlemekte ya da yönetmekte **başarısız olsalar da** ve bunu önlemek için her şeyi yapmış olsalar da, yine de, işçiler onlara rağmen mücadeleyi başlattığında, bazılarının katılması ve acı çekmesi, liderlerin çoğu mücadelelerindeki **demokratik-pasifist** ihanetlerinde açıkça **"samimi"** idiler. Bu samimiyet, Avusturya Sosyal Demokrat liderliğine verilen erdem genellikle "Sosyal Faşizm" suçlamasının çürütülmesi yönünde hesaba katılmaktadır. Gerçekte ise, tam tersine , tam da bu, **Sosyal Demokrasinin tüm çizgisinin** siyasi ihanetinin gerçek rolünü çok daha açık ve hataya yer bırakmayacak şekilde ortaya seriyor. **Siyaset sorunu basit bir öznel "samimiyet" sorunu değildir.**

Avusturyalı işçiler, **Sosyal Demokrasinin girişi**mi ve önderliği yoluyla değil, Sosyal Demokrasinin açık **talimatına karşı savaştılar. İşçilerin zaferi imkânsız değildir.** Avusturya'dan alınan ders, eğer **önderlik ve örgütlenme** olsaydı, işçi sınıfının tüm güçleri devreye sokulmuş olsaydı, **her stratejik noktada bölünme ve kaos olmasaydı**, ve eğer doğru zamanda, açık siyasi hedeflerle ve saldırı taktikleriyle mücadeleye başlansaydı işçilerin zafere ne kadar yakın olduğunu gösteriyor. Zafer, ancak **Sosyal Demokrasi politikasıyla imkânsız hale getirildi**. Zafer Devrimci önderlik altında elde edilebilir **ve elde edilecektir."** *(2)*

Yukardaki Tarihi örneklerde görüldüğü gibi **Faşizmin gelişinin tek bir yöntemi, biçimi yoktur** ve özellikle gelişmiş kapitalist ülkelerde "Sosyal Demokrasi " faşizmin gerek önceli ve gerekse süreci içinde Faşizme yardımcı olmuştur.

Yani "sosyal faşizm " teorisi temelsiz bir teori değildir. ANCAK -Türkiye de olduğu gibi- bu gerçek onun tarihi özgüllüğünden kopartılarak her **ülkeye, şarta ve duruma uygun bir reçete** şeklinde ezberlenip sloganlaştırılamaz. Değerlendirmeler somut şartlardan ve durumlardan kopuk bir şekilde "genelleştirilerek" her ülkeye uygulanamaz. Ayağı somut gerçeğe basmayan Ezberci yaklaşım Lenin'in de vurguladığı gibi "anlamsız genel teoriye", ezberciyi de "haine" dönüştürür. ABD, İngiltere, orta Avrupa da ki vb., sosyal demokratlarla, Arabistan, Pakistan, Bengal vb., ülkelerdeki, özü reformist olan Latin Amerika da ki anti-emperyalist, Brezilya gibi kimilerinde anti-faşist nitelikteki sosyal demokratlar -en azından özgül gerçekte -**aynı kefe içine koyulamaz.** Böylesine sekter bir yaklaşım, **bir hamlede dünya devrimi bekleyen** Troçkistlerin Peru Venezüella gibi ülkelerdeki gelişmeleri **burjuva dilinde** karalamasıyla eş değer sonuca ulaşır. Herhangi bir özgüldeki soruya cevap "kimin kime karşı olduğu", konumuz içeriğinde, faşizme destek verip vermediği, muhalefet olup olmadığı somut gerçeğinde yatar.

Alman Komünist Partisi Lideri Thaelmann makalesinde "Faşizm altında yaşıyoruz!" **"Son tahlilde faşizm ve sosyal-faşizm**, burjuva diktatörlüğü için iki farklı ton ve aynı temeldir" diyordu. (2)

E.Bauer ise Sağdan, genelde algılanan biçimde sosyal faşizm kavramını o özgülde, gelişmiş kapitalist ülkelerle bağlantılı değil de genele uyguladığından, ve Avusturya, Almanya örneklerine gözlerini kapattığından, Troçki'den "" Sosyal demokrasinin beslediği faşizm, iktidara ulaşmak için eninde sonunda kafatasını ezmek ister ve eninde sonunda ezmelidir" alıntısını **vererek ""sosyal faşizm" formülü sadece ajitasyon için zararlı değil,** aynı zamanda siyasi bir tahmin olarak da yanlıştır" diyor ve devam ediyordu;

> "Bu nedenle, 5. dünya kongresi kararlarının mezarlarından çıkarılmış olması, ve **Stalin'in "faşizmin ılımlı bir kanadı olarak sosyal demokrasi",** "ikizler olarak sosyal demokrasi ve faşizm" gibi teorik çocukluk çağı hastalıklarının ve aynı türden diğer kürtajların mutlak gerçekler olarak vaaz ediliyor olması hiç de tuhaf değildir." (5)

İlginç olan, E. Bauer **Türkiye de ki iddialara benzer bir şekilde** Faşizmin yaşamda kendisini çıplak bir şekilde kendisini gösterdiği ortamda, faşizmin varlığını sorgulayarak, şunları söylüyordu;

> "Durumun değerlendirilmesi sorunu, Almanya'da gerçekten **Faşizmin var olup olmadığı** sorusu, en büyük stratejik öneme sahip. Eğer kişi bu soru üzerinde **olumlu** bir tutum alırsa, o zaman tamamen farklı bir hareket noktasına, Hitler'in ve aynı zamanda algılanabilir gelecekte **Faşist tehlikenin** tamamen farklı (ve çarpıtılmış) bir değerlendirmesine gelmek zorundadır." (5)

"Faşizmin burjuva diktatörlüğünden bu ayrılığı, resmi İşçi Partisi ve Sendikalar Kongresi organı Daily Herald'da 2 Mayıs 1933'te Hitlerizm'in gerçek karakterinin pratikte tam olarak gösterilmesinden sonra, büyük sermayeye karşı bir tür "sosyalist" program yürütmek için hala umutla ona bakmasıyla, **en uç noktasına ulaştı."** (2)

Sağların bu tür yaklaşımları üzerine Stalin, "Sağın Sosyal-Demokrat **ideolojik çöplerle atmosferi zehirlediği** bir" duruma "daha fazla **tahammül etmenin** ... Komintern'e karşı çıkmak ve Marksizm-Leninizm'in **temel taleplerini ihlal etmek**" olacağını vurgulamıştı.

Reformist, oportünist, Sağ-Sol akrabaların genelde hemen her konuda, özelde Faşizm konusunda bir sürü doğruları sıralayarak içine kendi "akrabalık" düşüncelerini serpiştirmeleri, ya da sonuçlandırmaları oldukça yaygın tarihi bir pratik olmuştur. Konumuzla ilgili bunlardan bir diğeri de **Faşizmin bir orta sınıf**-ya da küçük burjuva - devrimi olduğu sonucuna ulaştıran değerlendirmeler.

Orta sınıf – daha doğrusu **orta tabaka** - emekçi ve burjuvazi arasında gerek ekonomik ve gerekse siyasi olarak konumlanmış ve ikisi arasında gidip gelen, yalpalayan bir tabakadır. **Bu tabaka** devrim açısından da, devrimin başarıya ulaşması, ayakta kalabilmesi için çoğunluğunun saflara kazanılması, en azından tarafsızlaştırılması gereken **bir siyasi özelliğe sahiptir.** Onların bu "özelliği" nasıl ki devrim için geçerli ise, karşı devrim için de geçerlidir. Ancak onların şu veya bu sınıf tarafından saflara kazanılmış olması, **ne devrimin ne de karşı devrimin sınıfsal niteliğini belirlemez.** Bu aşikâr gerçektir. Bu nedenle, şüphesiz ki **Faşizm de** "çekiciliğini" orta sınıfa, küçük işletmelere ve meslek sınıflarına, örgütlü işçi sınıfına, tekellere ve büyük mali şirketlere yönlendirir, yapısının büyük bir bölümünü ve özellikle de liderliğini orta sınıftan alır, ve kriz koşulları altında orta sınıfın, küçük burjuvazinin ideolojisine dalmış durumdadır. Buraya kadar, bariz olan gerçeklerle ilgili ortak bir görüş var. Ancak bu aşikâr gerçeği sunanlar, faşizmi aynı zamanda, **hem örgütlü işçi sınıfına** hem de **büyük ölçekli sermayeye karşı,** sermayeden veya emekten **bağımsız bir "üçüncü parti" olarak,** orta sınıfın bağımsız hareketi anlamında **bir orta sınıf hareketi olarak sunuyorlar.**

Bu nedenle **Faşist diktatörlük, hem örgütlü işçi sınıfına** hem de daha önceki **mali-sermaye egemenliğine karşı** orta sınıf tarafından **bir "iktidar fethi" olarak sunuluyor.** Bu anlayış, **liberal ve sosyal demokratların faşizme** yaklaşımında yaygın olmuştur.

Tarihine bakarsak, "Emperyalist dönemin başlangıcında, **orta sınıf sorunu,** on dokuzuncu yüzyılın son yıllarında ve yirminci yüzyılın ilk yıllarında **Bernstein ve Revizyonistler tarafından** yeniden keskin bir şekilde ön plana çıkarıldı. Revizyonistler, Marks'ın **orta tabakanın artan bir şekilde proleterleşmesi** ve bunun sonucunda kapitalizm ile proletarya arasındaki konunun artan keskinliği üzerine öğretisine meydan okudular. Revizyonistler tam tersine **orta** sınıfın **büyüdüğünü savundular** ve orta sınıfın büyümesini kanıtlamak için gelir getirileri, mülk getirileri ve hissedarlık rakamlarına işaret ettiler. Ve bu temelde, Marks'ın devrimci öğretisini reddettiler, bunun yerine **sınıfların** (*sınıflar arasında*) **artan uyumunu** ve **sermayenin demokratikleşmesini** gördüler ve kapitalist **yeniden örgütlenme**, sosyal reform ve **Devlet müdahalesi yoluyla** sosyalizme doğru kademeli **barışçıl ilerlemeye** yöneldiler. "

Faşizm üzerine **Marksist Leninist Görüşler.**

> "Kendi başına **ne kadar doğru olursa olsun,** Faşizmin hiçbir **genel karakter tanımlaması,** bizi, <u>faşizmin gelişiminin özgül özelliklerini</u> ve tek tek ülkelerdeki ve onun çeşitli aşamalarındaki **çeşitli faşist diktatörlük biçimlerini incelemek ve hesaba katmak sorumluluğundan kurtaramaz.** Her ülkede, ulusal özel bağları, faşizmin <u>kendine özgü</u> **ulusal özelliklerini araştırmak,** incelemek ve tespit etmek ve buna **göre faşizme karşı etkili mücadele yöntemlerini ve biçimlerini belirlemek gerekir.**" (7) *Dimitrov*

Özellikle Komintern kongrelerinde yapılan konuşmalar- bazıları içinde reformist olarak görülebilecek söylemler olmasına rağmen -sonuç **olarak konuyu ve belirleyici olanı** "sınıfsal temelde " ele almış olmalarıdır.

Kongre de **Klara Zetkin**, "Faşizm şu anda, dünya burjuvazisinin en güçlü, en yoğun genel saldırısının klasik bir ifadesidir" diyordu. (8)

Freimuth Faşizmin proleter devrimler çağında karşı devrimin klasik biçimi olduğu, **Faşizmin büyük burjuvazinin proletaryaya karşı** yürüttüğü bir savaş aracı olduğu ve işçi sınıfının yükselişine karşı bir terör hareketi olduğunu söylüyordu.

Bordiga, faşizmi özünde "büyük burjuvazinin gerici kesiminin burjuva orta katmanlarını harekete geçirmesi ve **faşizmin büyük burjuva çıkarlarının korunması"** olduğunu söylüyordu. (9)

Tüm üyeler tarafından bağlayıcı niteliğe sahip olan Komintern Programı "Kapitalist Buhran ve Faşizm" başlığı altında yapılan tespitler temelinde **"Burjuvazinin emperyalist çağda saldırısı faşizm biçimini almıştır"** özünde noktalandı.

"Faşizm, Savaş Tehdidi ve Komünist Partilerin Görevleri" raporunda **"Faşizm, mali sermayenin en gerici, en şoven ve en emperyalist unsurlarının açık terörist diktatörlüğüdür"** değerlendirmesi faşizmin genel tanımı olarak kabul edildi. Devamında Dimitrov tarafından geliştirilip onaylandı.

"**Faşizm"** diyordu Dimitrov "proletarya ve **burjuvazinin üstünde yer alan bir devlet gücü** olmadığı gibi, devlet mekanizmasını ele geçirmiş olan küçük burjuvazinin **bir başkaldırısı da değildir.** Faşizm, **ne sınıflar üstünde var olan bir güç,** ne de lümpen proletaryanın ya da **burjuvazinin mali sermaye üzerindeki iktidarıdır.** Faşizm **mali sermayenin iktidarıdır.** Faşizm, işçi, köylü ve aydın kesimlerin yükselen devrimci taleplerine karşı örgütlenmiş bağnaz milliyetçi bir iktidardır." (7)

En geniş anlamıyla ele alındığında, Tekelci kapitalizmin faşizm politikalarında özel bir açıklık ve keskinlikle ifade edilen en modern politikaları, bu çürüme eğilimlerini, teknik ilerlemeyi ve üretici güçlerin gelişimini engelleyip durdurabilir mi?

Modern dünya kapitalizminin gerçekleri ışığında bu kesinlikle doğrudur; ve kapitalizmin şu ya da bu daldaki ya da belirli kısa ömürlü aşamalardaki özel hızlanma örneklerinin hiç birisi, modern kapitalizmin çürüme, yozlaşma ve **gerileme yönünde artan eğilimlerinin oluşturduğu hâkim olan karakterinin bu genel yasasıyla çelişemez,** ve Sosyal-Demokrat teorilerde olduğu gibi, yeni ilerleme eğilimleri, her zamankinden daha büyük genişleme ve yeni çiçeklenme eğilimleriyle de değil.

Her iki eğilim de belirli aşamalarda ve durumda izlenebilir; ancak çürüme eğilimleri, **geriye dönük eğilimler** sürekli olarak **öncekinden daha güçlü büyür** ve ilerleme eğilimi öncekinden daha zayıf bir şekilde ilerler."

"Sermayenin tekelci biçimi, kapitalizmin asalak yozlaşması, çürümesi ve gerilemesi unsurlarını giderek daha fazla geliştirir" -*Komintern Programı*

Ve "**faşizm,** tam da bu sürecin keskin ve yoğunlaştırılmış bir ifadesi ve onu ileriye götürmede doğrudan bir faktördür. " (2)

"**Faşizm,** büyük ölçekli sermayeye karşı küçük burjuva politikalarının **isyanını değil,** büyük ölçekli **sermayenin politikasını** temsil eder; **faşist ideolojinin** büyük ölçekli sermayeye karşı küçük burjuva propagandası, pratiğin aksine, **yalnızca demagojidir.**

Faşizm, gerçekte, mevcut kapitalist topluma **karşı çıkan** tuhaf, bağımsız bir doktrin ve sistem değildir. Faşizm, tam tersine, modern **kapitalizmin en tipik eğilimlerinin ve politikalarının,** aşırı çürümenin belirli koşullarında **en eksiksiz ve tutarlı işleyişidir.**

Tüm modern kapitalizm ve Faşizm için derece farklılığına tabi olan bu ortak özellikler nelerdir? Bu özelliklerden en önemlileri şu şekilde özetlenebilir:

- Ekonomik-sosyal kriz nedenleriyle alınan baskıcı, gerici tedbirler karşısında kaçınılmaz olarak artacak kitlesel muhalefetin güçlenip, yoğunlaşıp, örgütlü bir cephe olarak tehdit haline gelmesini engellemek
- Ve dolayısıyla sınıf çatışmalarının ilerlemesinin tehdit ettiği devrim karşısında kapitalizmin sürdürülmesini sağlamak.
- Bağımsız işçi sınıfı hareketinin sınırlandırılması ve bastırılması ve örgütlü bir sınıf iş birliği sisteminin kurulması.
- Parlamenter demokrasiye karşı başkaldırı ve onun işlevsiz hale getirilmesi.
- Parlamenter burjuva demokrasinin, başkanlık sistemine geçiş gibi sistem biçimi değişikliği
- Bu tedbirler sonucunda kapitalist diktatörlüğün yoğunlaşması
- Devlet müdahalesiyle kamu sektörlerinin özelleştirilmesi, beslenen ve güçlenen tekelci sanayi ve mali şirketler.
- Emperyalist blokların oluşması, yoğunlaşması .
- Artan emperyalist karşıtlıkların kaçınılmaz eşlikçisi olarak savaşa doğru ileri adımlar.
- Yerel, Bölgesel Savaşlar ve savaşların yaygınlaşması tehlikesinin güçlenmesi.

Faşizmin bu özellikleri, farklı derecelerde, tüm modern kapitalist devletlerin tipik özelliğidir. Konu üzerine (bilinçli - sağ sapma, oportünizm vb., hariç) bilinçsizce kafa karışıklığının altında yatan neden de budur. Bu daha geniş anlamında, tüm modern kapitalist devletlerin Faşizme doğru gelişmesinden bahsetmek mümkündür. " (2)

Amaçlar, Nedenler – Faşizmin zaferi

Faşizm, burjuva devlet diktatörlüğünden "iktidarı" alıp kendi eline mi geçirdi? Faşizm hiçbir ülkede kendi başına, kendi iradesiyle "iktidarı eline geçirmedi". Her zaman, her durumda **faşizm, burjuva diktatörlüğü tarafından yukarıdan** aşağı iktidara getirildi.

Bir sistem biçimi olarak **Faşizm, neden değil sonuçtur.**

"Lenin'in emperyalizmi" çürüyen kapitalizm "olarak tanımlamasının anlamı; kapitalizmin genel krizi döneminde bu sürecin ileri bir aşamasının fenomeni olarak faşizmin rolü; ve özellikle faşizmin, **üretici güçlerin gelişmesiyle bağlantılı olarak geriye dönüştüren bir faktör olma rolüdür.** . . . . bu şekilde faşizm, emekçi kitleleri zincirleyen kapitalist biçimler ile üretici güçler arasındaki **aşırı çatışma aşamasının bir ifadesidir.**

Faşizm, özgül koşullar altında modern tekelci **kapitalizmin özgün bir biçimidir** ve tekelci kapitalizmin tamamı, gerçekte, tekelci kapitalizmin en genel karakteri - çürüyen kapitalizm olması ve, üretici güçlerin gelişiminin önünde bir engel olmasıdır.

> "Tüm tekel gibi, bu kapitalist tekel de hatasız bir şekilde durgunluk ve çürüme eğilimine yol açar."
> *Lenin*

""Üretici güçler ile kapitalizmin çürümesi sürecinin özelliği olan kapitalizmin mevcut sosyal biçimleri arasındaki çatışmanın artan yoğunluğunu göstermek acil zorunluktu. Bu çatışmanın 1917'den itibaren Birinci Dünya Savaşı ve dünya devriminin başlangıcı noktasına kadar yoğunlaşması, kapitalizmin genel krizini veya kapitalist çöküş dönemini oluşturur. **Bu dönemde faşizm,** yok olmaya mahkûm kapitalist sınıfın iktidarını sürdürme ve çelişkileri aşırı şiddet yoluyla aşma ve böylece mevcut toplumsal biçimleri üretim güçlerinin gelişmesi pahasına sürdürme çabasını temsil eder.

Özellikle:

(1) tüm işçi sınıfı örgütlerini bastırarak sınıf mücadelesini boğmak;

(2) sözde "planlama", sübvansiyonlar, üretim ve ticaret kısıtlamaları vb., yoluyla **ekonomik çelişkilerin üstesinden** gelmek için **aktif devlet müdahalesinde bulunmak**

(3) eski siyasi partilerin ve bölünmelerin yerini (ya da egemenliğini) **alan tek bir hükümet partisinin birleşmesiyle** burjuvazinin iç çelişkilerinin üstesinden gelmek;

(4) uluslararası çelişkilerin üstesinden gelmek için savaş ve fetih için yoğunlaştırılmış örgütlenmeye girmek

Bu dönemde faşizm, yok olmaya mahkûm kapitalist sınıfın iktidarını sürdürme ve çelişkileri aşırı şiddet yoluyla aşma ve böylece özellikle üretim güçlerinin gelişmesi pahasına mevcut toplumsal biçimleri sürdürme çabasını temsil eder:

(1) tüm işçi sınıfı örgütlerini bastırarak sınıf mücadelesini bastırmak;

(2) aktif devlet müdahalesi, sözde "planlama", sübvansiyonlar, üretim ve ticaret kısıtlamaları vb. Yoluyla ekonomik çelişkilerin üstesinden gelmek;

(3) eski siyasi partilerin ve bölünmelerin yerini alan **tek bir hükümet partisinin birleşmesiyle burjuvazinin iç çelişkilerinin** üstesinden gelmek;

(4) savaş ve pazar fethi için yoğunlaştırılmış örgütlenmeyle uluslararası çelişkilerin üstesinden gelmek.

İtalyan faşizminin yükselişi, Avrupa'da özellikle Almanya'da daha sonraki gelişmelerin ön koşulu ve habercisi olarak görülüyor.

Mekanik **kadercilikle** hiçbir ortak yanı olmayan, devrimci Marksist **kaçınılmazlık** anlayışı onun anlayışının tam kalbidir ...

Devrimci **Marksizm'in kaçınılmazlığı,** pratikte, özgül toplumsal koşullarda yaşayan insan iradelerinin, bu koşullara bilinçli olarak tepki verme ve verili koşullar içinde gördükleri alternatif olasılıklar arasındaki çizgiyi **bilinçli olarak seçme yoluyla gerçekleşir.**

Biz "Kaçınılmaz sonucu" bilimsel olarak tahmin edebiliyoruz, çünkü **bilinci yöneten sosyal koşulları** ve bu sosyal koşulların gelişim çizgisini analiz edebiliyoruz.

Biz **Çelişkilerin büyümesini** ve bunun sonucunda sömürülen çoğunluğun daha büyük devrimci bilinci ve iradesi üreten güç birikimini, tüm engelleri aşacak ve fethedecek kadar güçlü hale gelene kadar analiz edebiliyoruz.

Biz Her başarısızlığın, her yanlış yolun seçilmesinin yalnızca **geçici** olabileceğinin kesinliğini bilimsel bir hassasiyetle ortaya koyabiliriz, çünkü **sonuç hiçbir şekilde devrimci bilinç ve iradeyi üreten çelişkileri çözemez,** ve bu nedenle bu çelişkiler, nihai zafere kadar yalnızca yenilenmiş ve yoğunlaştırılmış mücadeleye yol açabilir.

Bu süreç kaçınılmazdır ...... Bu savaşan devrimci bilinç, hiçbir şekilde **kaçınılmaz bir sonuca boyun eğmez,** ancak en aktif olarak dengeyi değiştirmeye ve **bir alternatifin zaferini** ve diğer alternatifin yenilgisini eyleme geçirerek kesinleştirmeye çalışır. " (2)

Faşizmin Belirli Durumlarda Kaçınılmazlığı

Faşizm **genel olarak** burjuva açısından "kaçınılmaz" bir sistem biçimi değildir. Özel durumlarla "kaçınılmaz" hale gelir. Aynı şekilde – onu zorunlu kılan özgül siyasal bunalımın çözülme sürecine bağımlı olarak – sonsuza kadar **"kalıcı" bir sistem biçimi değildir.** Faşizm ya sermayenin siyasi amacını yerine getirdiğinde, ya sermaye içi çelişkilerin derinleştiğinde geldiği gibi gitmesinin yolu açılır, ya da – kendi kısa vadeli ekonomik amacına büyük ölçüde ulaşsa bile ekonomik sorunları daha da kötüleştireceğinden - **emekçi halkların mücadelesinin sonucunda yıkılır.** Faşizmin geliş biçimi ve süreci de gidiş biçimi ve süreci de **güçler dengesine ve güçler dengesindeki değişimlere bağlıdır.**

Faşizm güçler dengesindeki değişimlere, özellikle gelişen emekçi halkın mücadelesinin gücüne bağımlı olarak "demokrasi oyunları" ve " aldatıcı ama etken reformlar" **yoluyla çözülme** *(geriye dönüş)* **süreci** içine girerek ömrünü uzatabilir – istisnai durumlarda, yine mücadelenin zorlaması etkeniyle, sermayenin diğer bir kesiminin darbesi ile **çözülebilir** – geriye, ya da yeni bir biçimde **burjuva diktatörlüğüne dönüş.** Faşizm sadece devrimle **yıkılabilir,** yok edile bilinir.

"Faşizm" Sonucuna ulaşan "Nedenler" üzerine

Konuya direk geçmeden önce revizyonistlerin kucakladıkları, gözden kaçırılan bazı gerçeklere değinmekte yarar var.

Birinci dünya savaşı ve sonrası genel değerlendirmeler kaçınılmaz olarak temel olarak **Faşizmin Sınıfsal Özünün** değerlendirilmesine dayanmıştır. Geliş ve geçiş nedenleri üzerine "detaylı" analizler yapılmamıştır. Belki de bu nedenle genelde konuyu anlaşılabilir detaylarına indiren Poulantzas'ın revizyonistler ve Troçkistler tarafından kucaklanan;

> 1- "Bu (büyük sermayenin ekonomik alanda açıkça yerleşmiş hâkimiyetinden farklı olarak) siyasi hegemonya kayması, ekonomik egemenlik ile siyasi hegemonya arasında basit bir tanımlama yaparak Komintern'in göremediği faşizmin bir işlevidir: *"Faşist diktatörlüğün, mali sermaye diktatörlüğünü de sağlayan burjuva demokrasisinden farkı yoktur."*

> 2- "Komintern' deki hâkim görüşün aksine, faşizmin yükselişi mevcut güçler arasındaki ilişkide belirleyici bir dönüşe karşılık gelir; burjuvazinin saldırgan bir adımına ve saldırgan stratejisine ve işçi sınıfının savunma adımına karşılık gelir. "

> 3- "Bu siyasi krizi burjuvazinin bir" zayıflığı "olarak tanımlamak, onun işçi sınıfı ile güç ilişkisi hakkında bir şeyler söylemektir ve Komintern'in yorumunda tam olarak yanlış olduğu yer burasıdır" (4)

iddiaları, Marksist Leninist bütünlük içinde ele alındığında, **gerçekleri yansıtmayan niteliğe sahiptir.**

Her şeyden önce yukarda "Burjuva ve sosyal demokrasi" bağlantılarında da gösterildiği gibi söylenen *"Faşist diktatörlüğün, mali sermaye diktatörlüğünü de sağlayan burjuva demokrasisinden farkı yoktur"* değil, **sınıfsal olarak** ikisinin de burjuvazi sistemi olduğu, **ama** farklı biçimde, **farklı yöntemler kullandıklarıdır.** Bu genel biçimde açıkça belirtildiği gibi, Lenin in gerek demokratik mücadele, gerekse gericiliğe karşı mücadele konusunda bir sürü yazılarında vurgulanmıştır. Poulantzas bu iddiasına temeli eklektik bir şekilde almakla kalmamış, aynı zamanda Marksist Leninist **teorilerin bütünlüğü içinde** ele alma pratiğini terk etmiş gibi görünüyor.

Poulantzas **ikinci** iddiasında benzer bir eklektik yaklaşımı sergiliyor ve aynı zamanda **güçler dengesi sorununu tek yanlılaştırıyor**, Marksizm'in diyalektiğinden kopuk bir şekilde ele alıyor. Sözü geçen ve o özgül dönemle ilgili olan Komintern değerlendirmeleri, savaşlar nedeniyle devrimci durumun daha belirgin olduğu ve **işçi sınıfının güçlü olduğu, kimi yerde ayağa kalktığı bir dönem**. Bunun yanında zaten kendisini dar kafalı durumuna düşürmeyen bir Leninist hiçbir zaman SADECE işçi sınıfının güçlü olduğu, devrimin yükseldiği, ya da SADECE işçi sınıfın gücünün zayıf olduğu durumlarda **FAŞİZM gelir diye mutlak bir kural getirmez**. Gerçekte, Poulantzas'ın iddiasının tam tersine, işçi sınıfının güçlü olduğu, "devrimin yükseldiği" bir özgülde burjuvazinin "savunması" anlamında faşizmin "gelişine" **NEDEN olabilir**, ama işçi sınıfının "Zayıflığı" faşizmin gelişinin bir **NEDENİ olamaz**. Bu ancak faşizmin geliş-geçiş **biçimini ve sürecini** etkileyen bir durum olabilir. Bu durumda işçi sınıfının "Savunma" rolü faşizmden önce değil, faşizme geçiş ve **faşizmin baskıları ile ilgili olabilir**. Diğerinde "Savunma ve Saldırı" iç-içeliği vardır, yani işçi sınıfı kimi yerde-süreçte "savunma "da, kimisinde "saldırıda" olabilir.

Poulontaz'ın **üçüncü** iddiası diğerlerinden daha kötü, büyük ölçüde çarptırılmış bir şekilde **ekonomik krizle siyasi krizi** birbirini etkileyen, tamamlayan, birbirine bağımlı öğeler görme yerine, **tek başına ele alıyor**. O dönemde hiçbir Marksist Leninist, Komintern içinde dahil olmak üzere "siyasi krizi burjuvazinin zayıflığı" olarak ele almamıştır. **Ekonomik ve sosyal krizlerin** burjuvaziyi "**Siyasi kriz**" içine sokacağı ve (o özgülde ve genelinde) sokmuş olması değerlendirmesinin, güçler arası ilişkilerinde "burjuvazinin zayıf" lığı anlamında eşleştirilmesi doğru bir yaklaşım değildir. İşçi sınıfı ve burjuvazi arasındaki **güçler dengesi "tek düze" ve dengeli" bir yapıya sahip değildir.** Ekonomik kriz, işçi sınıfının güçlü olduğu bir özgülde burjuvaziyi ona karşı "zayıf" bir konuma sokabilir – zaten Faşizmin yaşama geçirilmesinin nedenlerinden birisi de budur. Ama bu, siyasi krizde "burjuvazinin zayıflığı" ile değil, **kapitalizmin içsel olarak çürüyen ve krizlerle dolu** olmasının, böylesi durumlarda "siyasi kriz" içine girmesi, yeni sistem biçimleri **aramak zorunda kalması** - bu nedenle ve ancak bu anlamda" zayıflığından" bahsedilebilir. Zaten Stalin'in Parti Kongresinde vurguladığı Poulantaz'ın tek düze yaklaşımını ve Komintern'e karşı iddiasını çürütüyor ;

> "... Almanya'da faşizmin zaferi, **yalnızca işçi sınıfının zayıflığının** bir belirtisi ve faşizmin yolunu açan Sosyal-Demokrasinin işçi sınıfına ihanetinin **bir sonucu olarak** görülmemelidir; **burjuvazinin artık eski parlamentarizm** ve burjuva demokrasisi **yöntemleriyle** yönetemeyeceğinin ve sonuç olarak kendi iç politikasında terörist yönetim yöntemlerine başvurmaya **zorlandığının bir işareti olarak** burjuvazinin zayıflığının bir işareti olarak da görülmelidir- barışçıl bir dış politika temelinde artık mevcut durumdan **bir çıkış yolu bulamadığının** ve sonuç olarak bir savaş politikasına başvurmak **zorunda kaldığının** bir işareti olarak. " (10) *Stalin,*

Sınıfsal Güçler arasındaki dengelerde değişim

Poulantzas'ın bütünlük içinde algıladığım (*yanlış algılamış olabilirim*) özellikle birinci iddiası – "Faşizm ve Sosyal Demokrasi aynıdır" değerlendirmesinin eleştirisi- temelinde onun **sanki Marksist Leninistlerin devlet kurumuna sahip olan hâkim sınıfların tek düze ve kendi aralarında hiç çelişkileri olmayan**, çıkar savaşları olarak yekpare bir bütün olarak gördüğünü sanması, ya da inanıyor olması.

Nasıl ki Marksist Leninistler uluslararası tekelci sermayeyi - yani emperyalizmi - kendi aralarında, rekabet ve çıkar **çatışmaları olmayan tek bir bütün olarak görmüyorlarsa**, özgülde herhangi bir ülkede de hâkim sınıfların aralarında rekabet ve **çıkar çatışması olmayan tek bir bütün olduğunu iddia etmezler**. Onları bir araya getiren işçi sınıfının kapitalizme karşı mücadelesidir.

Özellikle ekonominin dengesiz gelişmesi yasasından hareket edersek farklı ülkelerde farklı derecelerde **YENİ** tekelci şirketlerin ve sermayenin oluşması kaçınılmaz bir olgudur. Herhangi bir ülke özgülünde olan bu değişim **sadece içte yeni rekabet ve çıkar çatışmalarının** doğmasına neden olmakla kalmayacak, sermaye ihracı zorunluluğu nedeniyle, dışta da rekabet ve çıkar çatışmalarına neden olacaktır.

Türkiye'deki gelişmeler bunun en somut örneğidir.

Bu konuyu önce genelde sonra Türkiye özelinde ilgili başlıklarla irdeleyelim.

Dengesiz Ekonomik Gelişme – tekelci sermaye ve sermaye birikimi

"Dengesiz ekonomik ve politik gelişme, **kapitalizmin mutlak bir yasasıdır.**" Lenin

"Emperyalizm döneminde dengesiz gelişme yasası, bazı ülkelerin diğerlerine göre **aralıklı- süreksiz gelişimi anlamına gelir.**" *(10)* Stalin

"Farklı ülkelerdeki kapitalist gelişmenin dengesiz olduğu kesinlikle tartışılmaz bir gerçektir. Ancak bu **dengesizliğin "kendisi " de son derece dengesizdir.** İngiltere, Avusturya, Almanya veya Fransa'nın kapitalist seviyesi ile aynı değildir, aynı dengede gelişmez. Aynı şekilde, **bu seviyede gelişmemiş olan ülkelerde** "kapitalizmin" gelişmesi, Kapitalist üretim biçimi ve üretim ilişkilerinin egemen olduğu **ulusal ekonomilerin her dalında kapsamlı bir değişime uğrar.** Lenin'in de vurguladığı gibi, "bu dönüşüm süreci, kapitalizmin doğası gereği, **dengesiz ve orantısız birçok şeyin** ortasında gerçekleşir: refah dönemleri kriz dönemleriyle dönüşümlü olarak değişir, **bir endüstrinin gelişimi diğerinin düşüşüne neden olur**, bir alanda tarımın bir yönüyle ve başka bir alanda diğer bir yönüyle ilerleme vardır, ticaretin ve sanayinin büyümesi, tarımın büyümesini geride bırakır vb....

Devlet aygıtı, ülkenin yönetici sınıflarının elinde her zaman bir araç olarak hizmet etmiş, **iç pazarda rekabeti düzenleme** ve "uyumlama" sağlamış, ve **dünya pazarında her zaman** onların "savunucusu ve koruyucusu" olarak hareket etmiştir. Ancak devlet, **hiçbir zaman mali sermaye ve emperyalist siyaset çağında sahip** olduğu kadar muazzam bir öneme sahip olmamıştır. "(1)

Devlet kapitalist tröstlerinin oluşmasıyla, **rekabet neredeyse tamamen yabancı ülkelere kaymaktadır;** açıktır ki, bu başta devlet iktidarı olmak üzere, yurtdışında yürütülecek mücadele organlarının da muazzam bir şekilde büyümesini, güçlenmesini gerektirir.

Yeni ekonomik ve sosyal güçler, hem ülke içinde hem de sınırları dışında **güçlü bir korumaya ihtiyaç duymaktadır;** bu amaçla devlet yeni organlar, çok sayıda memur ve kurum oluşturur. Devlet faaliyetleri her yerde yeni işlevlerle genişletilir. İç hayatın gerçekleri ve dış ilişkiler üzerindeki **etkisi daha çok yönlü hale gelir.**

Devlet gücü genel olarak önem kazanıyorsa, askeri örgütünün, ordunun ve donanmanın büyümesi özellikle dikkat çekicidir. Devlet **kapitalist tröstler arasındaki mücadeleye**, öncelikle **askeri güçleri arasındaki ilişki** karar verir, çünkü ülkenin askeri gücü, mücadele eden "**ulusal**" *(siz bunu ülke sınırları içine tıkanmış olarak algılayın)* **kapitalist grupların son çaresidir.** Son derece büyüyen devlet bütçesi, militarizasyonun üstü kapalı olarak ifade edildiği gibi, "savunma amaçlarına" giderek daha büyük bir pay ayırır.

Askeri teknikteki her gelişme, askeri mekanizmanın **yeniden düzenlenmesini ve yeniden yapılandırılmasını gerektirir**; her yenilik, bir devletin askeri gücünün her genişlemesi diğerlerini harekete geçirir.

Kapitalist toplum, savaşsız düşünülemez olduğu için silahsız düşünülemez. Bu anlamda **militarizm,** finans kapitalin kendisinden **daha az tipik** bir tarihsel olgu değildir.

Emperyalizme eğilim, ekonomik olguyu büyük bir siyasi güçle birleştirir.

Devlet gücünün öneminin artmasıyla iç yapısı da değişir. Devlet her zamankinden daha fazla bir **"yönetici sınıfların yürütme komitesi" haline gelir.** Devlet iktidarının her zaman "üst tabakaların" çıkarlarını yansıttığı doğrudur, ancak üst tabakanın kendisi de aşağı yukarı **şekilsiz bir kitle olduğu için,** örgütlü devlet aygıtı, çıkarlarını bünyesinde barındıran örgütlenmemiş bir sınıfla (veya sınıflarla) karşı karşıya kalır. Devlet aygıtı yalnızca genel olarak yönetici sınıfların çıkarlarını değil, aynı zamanda onların kolektif olarak ifade edilen **iradelerini de bünyesinde barındırır.** Artık egemen sınıfların tek tek üyeleriyle değil, onların örgütleriyle karşı karşıyadır. Böylece **hükümet, fiilen, girişimci örgütlerinin temsilcileri tarafından seçilen bir "komite" ye dönüşür** ve devlet kapitalist tröstünün en yüksek yol gösterici gücü olur. Parlamentarizm de krizlerin ana nedenlerinden birisi budur. Eskiden parlamento, yönetici grupların çeşitli fraksiyonları (burjuvazi ve toprak sahipleri, kendi aralarında burjuvazinin çeşitli katmanları vb.) **arasında bir mücadele alanı olarak hizmet ediyordu.** Finans kapital, neredeyse tüm çeşitlerini, **birçok merkezi organizasyonda birleşmiş** tek bir "katı gerici kitle" halinde yoğunlaştırır. Her zaman bir devlet diktatörlüğüne ihtiyaç duyan modern emperyalizmde **"demokratik" ve "liberal" duyguların yerini faşist eğilimler alır.** Bu, mali sermayenin büyümesinin neden olduğu tamamen **yeni bir Sosyo-politik oluşumdur.**

"Kapitalist gelişmenin en önemli iki süreci, **sermayenin yoğunlaşması ve merkezileşmesidir;** genellikle birbirine karıştırılan bu iki süreç açıkça ayırt edilmelidirler. **Marks** "Her bir sermaye, daha büyük veya daha küçük bir işçi ordusuna komuta veren, üretim araçlarının daha büyük veya daha küçük bir yoğunlaşmasıdır. **Her birikim, yeni birikimin aracı olur.** Sermaye olarak işlev gören zenginlik kütlesi arttıkça, büyük ölçekli üretimin ve kapitalist üretimin özgül yöntemlerinin temelinin genişlemesiyle birlikte, bireysel kapitalistlerin elinde bu servetin artan bir yoğunlaşması devam eder. **Sosyal sermayenin büyümesi, birçok bireysel sermayenin büyümesinden etkilenir** "diyor;

Yoğunlaşma ile, o sermaye tarafından üretilen artı değerin kapitalizasyonundan kaynaklanan sermaye artışını anlıyoruz. Merkezileştirme altında, **çeşitli bireysel sermaye birimlerinin bir araya gelmesini** ve böylece yeni ve daha büyük bir birim oluşturduğunu anlıyoruz.

Sermayenin yoğunlaşması ve merkezileşmesi çeşitli gelişim aşamalarından geçer. Büyük bir **sermaye odaklanması**, küçük ölçekli işletmelerin büyük ölçekli işletmeler tarafından emilmesini hızlandırır; buna ters olarak, **merkezileştirme**, bireysel sermaye birimlerinin artmasına yardımcı olur ve **böylece yoğunlaşma sürecini hızlandırır.**

Merkezileşme süreci, küçük kapitalistlerin **büyükler tarafından emilmesinden,** büyük ölçekli, bireysel olarak sahip olunan işletmelerin büyümesinden oluşuyordu. Büyük ölçekli işletmelerin büyümesiyle birlikte **kapsamlı rekabet** karakteri (belirli bölgesel sınırlar içinde) **gittikçe azaldı;** merkezileşmenin artmasıyla rakiplerin sayısı azaldı.

Bir ülkeden **sermaye ihracı**, o ülkede aşırı sermaye üretimini, aşırı **sermaye birikimini gerektirir.** Sermaye, özel şahıslar veya sanayi ve bankacılık şirketleri tarafından **ihraç edildiğinde,** bu yine ülkeden mal ihracatını arttırır, çünkü bu şekilde yurtdışında yaratılan işletmeler, kendi başlarına belirli bir talebi temsil eder ve ayrıca, faaliyetleriyle, **çoğunlukla onlara bağımlı olan piyasayı** genişletir.

Sermaye ihracatı, büyük güçler arasındaki **ilişkileri** alışılmadık şekilde **keskinleştirir.** Zaten sermayeye yatırım yapma fırsatları için mücadele, yani tavizler için mücadele, vb., her zaman askeri baskı ile pekiştiriliyor. Büyük güçlerin finansörlerinin manipülasyonlarına maruz kalan bir hükümet veya "ülke", normalde askerî açıdan en güçlü görünen partiye teslim olur.

Askeri gücün baskısı tavizler ve çeşitli ayrıcalıklar getirirse, **sermayenin yurtdışında daha fazla işleyişi** de özel **"koruma" gerektirir.** Eskiden ağırlık merkezi, ihracatçıların yalnızca mallarını, yani döner sermayelerini riske attığı meta ihracatındaydı. Şimdi durum tamamen farklı. "Yabancı" bir ülkede sahip olduğumuz şey, **devasa inşaatlara yatırılan,** özellikle sabit sermayenin büyük meblağlarıdır: binlerce mil boyunca uzanan demiryolları, çok maliyetli elektrik santralleri, büyük tarlalar vb., vb. İhracat- yatırımlar kapitalistleri o ülkelerdeki maddi servetlerini "korumak" sorununu getiriyor." *(1)*

Geçiş Örnekleri ve farklar

"İtalyan örneği, **Faşizme geçişin klasik** gösterimini sağlıyor. Gelişim çizgileri, farklı unsurların rolleri, işçi sınıfının bu trajedisinin birbirini izleyen aşamaları, herkesin öğrenmesi için net ve keskin bir şekilde göze çarpıyor. Öne çıkan temel sonuçlar nelerdir?

Birincisi, İtalya'daki devrimci dalga burjuvazi tarafından değil, Faşizm tarafından değil, kendi iç zayıflığı ve devrimci önderlikten yoksunluğu nedeniyle **Reformizm tarafından kırıldı.**

İkincisi, faşizm ancak proleter ilerlemenin içeriden çoktan kırılmasından ve **hayal kırıklığının yayılmasından sonra** öne çıktı.

Faşizm Savaştan sonra, (polis ve askeri koruma altında) "kahramanı" oynamak için, zaten **geri çekilmekte olan** bir orduyu taciz etmek ve katletmek için ortaya çıktı.

Üçüncüsü, açık faşist diktatörlüğe geçiş, burjuva politikasının birden aniden kırılması ve tersine çevrilmesi değil, **burjuva politikasının yeni biçimlere devam etmesiydi.** Faşizm, koşullar olgunlaştığında iktidara gelmek üzere, (burjuva güçler hazırlıksız olduğu sürece, bir **"liberalizm" gösterisinin** ve tavizlerin yanı sıra) burjuva demokrasisi koşulları içinde hazırlanmış ve desteklenmiştir. Tüm bu dersler klasik İtalyan Faşizmi örneğinde gösterildi. Buna rağmen, uluslararası işçi sınıfı tarafından henüz öğrenilmemişlerdi. Devamındaki on yıl içinde **Almanya'da** daha geniş bir ölçekte yeniden gösterileceklerdi.

O zamana kadar, liberal demokrat ve sosyal demokrat çevrelerde, genel olarak **Faşizm ve "diktatörlüğün" geri kalmış ülkelerin,** güçlü bir sanayi proletaryasına sahip olmayan, Güney ve Doğu Avrupa gibi endüstriyel olarak daha az gelişmiş ülkelerinin **bir olgusu olduğu görüşü** hâlâ ifade edilmeye devam etmişti. Ama **Almanya**, Avrupa'da en ileri ve yoğun endüstriyel gelişmeye ve tüm kapitalist dünyadaki en yüksek düzeyde örgütlü ve politik olarak bilinçli sanayi proletaryasına sahip bir ülkeydi. Buna rağmen İtalyanları gölgede bırakan, bilinen en acımasız ve barbar Faşist diktatörlük, 1933'te Almanya'da zafer kazandı.

Faşist diktatörlüğün kurulması, 1918'de Ebert ve Hindenburg' un proleter devrimine karşı ittifak antlaşmalarının şartlarını belirledikleri **zaman başlayan** uzun bir sürecin **yalnızca doruk noktasıydı.** Yüzeysel eleştirmenler, **gözlerini yalnızca 1933 olaylarına** dikerek, güçlü ve yüksek örgütlü Alman işçi sınıfının yüz kızartıcı "savaşsız yenilgisinin" "ani çöküşünden", sık sık söz ederler. Faşizmin "kolaylıkla" zafer kazanmasından ve Alman işçi sınıfının savaşma "yetersizliğinden" bahsederler.

Alman Devrimi'nin tüm geçmiş tarihinin zaten kanıtladığı ve geleceği daha da bolca kanıtlanacağı gibi, **çizilen bu resim doğru değildir.**

Faşist diktatörlüğün kurulmasından önce, Alman **işçi sınıfının ilerleyen karşı-devrime karşı savaşı,** on beş yıl sürdü; bu savaşta on binlerce Alman işçisi, düşmanın kurşunları altında hayatını verdi; ve eğer sonunda işçi sınıfı güçleri geri çekilmek zorunda kaldıysa ve **Faşist diktatörlüğün kurulmasını engelleyemediyse,** bunun nedeni Faşizmin herhangi bir üstün savaş gücünden kaynaklanmıyordu, bunun tek nedeni, işçilerin eylemlerinin - kendi çoğunluk liderlikleri ve bu liderlik altındaki kendi yanlış disiplin ve sadakatleri tarafından- felç edilmesi ve engellenmesiydi. Ancak işçi sınıfının öncüsünün kendisini yeni koşullara adapte etme ve tüm terörizm ve baskılar karşısında Komünist Parti önderliğinde yenilenen bir güçle mücadeleye girişme hızı, Alman işçi sınıfının uzun süredir devam eden savaşında ve proleter devriminin nihai zaferine doğru ilerleyişinde yalnızca bir bölüm olacak Hitler diktatörlüğüne karşı en kesin garantiydi."

Hitler'in zaferinin **tohumları 1918'de ekildi.** Alman işçileri ve askerleri eski Devleti devirip tam iktidarı ele geçirdiler. İşçi ve Asker Konseyleri ülke çapında yükselmişti. Burjuvazi ve eski militarist sınıf herhangi bir direniş sunamadı. Zapt edilemez bir Sovyet Cumhuriyeti inşa etmek için **tüm koşullar mevcuttu** .... Sosyal Demokrat Hükümet **tam tersini yaptı**. Her noktada **eski rejimi doğruladı ve korudu;** bürokrasiyi ve tüm gerici kurumları devam ettirdi; burjuva Savaş, Donanma, Dışişleri, Maliye ve İçişleri Bakanları atadı; **işçilerin silahsızlandırılmasını emretti;** ve en gerici monarşist subayların emrinde silahlı ve teçhiz edilmiş özel karşı-devrimci birlikler oluşturdu." (2)

Ekonomik Bunalım

Teorilerin genel ilkelerinden yola çıkarak "kapitalizm **sürekli bunalım**" içindedir anlayışıyla Faşizmin değerlendirilmesi olanaksızdır. Evet, ekonomik bunalım kapitalizmin kaçınılmaz bir sonucudur, brikimin temel özelliği ve bu birikimle yatırımların yönünü belirler. Bu temelde konumuzla ilgili olarak ekonomik bunalım **herhangi bir özgülde,** sermayeyi var olan sistem biçimiyle içine girdiği bunalımdan çıkmasına olanak tanımayan, yeni sistem biçimine zorlayan **dönemsel özgül bunalımlardır.**

Bu dönemsel bunalımdan hâkim sınıfların hepsi- özellikle ekonominin dengesiz gelişim yasası yoluyla yeni palazlanan sermayenin oluştuğu ülkelerde - her durumda ve her şartta, **aynı derecede etkilenmez.** İtalya ve Almanya'da (ve Türkiye de) olduğu gibi var olup ya da yeni gelişen "ulusal sermayenin – *bunu genelde ülke içine kapanmış ve ülke dışına çıkmaya, uluslararası olmaya uğraşan sermaye anlamında anlıyor ve kullanıyorum)*" **sermaye ihracı zorunluluğu** aslında bunalımın onları daha ciddi etkilediğini gösterir. Bu nedenledir ki kendi liderliğini diğerlerine empoze etmesi, aralarında uyum sağlamak ve amaçlarını gerçekleştirmenin şartlarını hazırlayacak **yeni bir sistem biçimi** ve yeni bir iktidar oluşturması zorunluluğuyla karşı karşıya kalırlar.

İtalya da, Almanya'da kapitalizm, kriz karşısında **yeni sistem** biçimine geçmek **ve yeni** yöntemler uygulamak, **yeni** egemen ideoloji oluşturmak **zorunda kalmıştı.** Bu süreç içinde, Sosyal Demokrasinin işçi sınıfı üzerindeki temel etkisini oluşturan ve politikasının meyveleri olan **sosyal hakla**r, çalışma saatleri ve ücretler açısından **devrimin toplumsal kazanımlarından geri kalanını** ortadan kaldırmak zorunda kaldı. Devrimin ilk yıllarının **tavizleri yerine,** kapitalizm **işçilere karşı acımasız ekonomik önlemlere ilerlemek** zorunda kaldı.

Bu amaçla, **yeni** yoğunlaştırılmış **diktatörlük biçimleri gerekliydi.** Çünkü zayıflamış ve itibarını yitirmiş **Sosyal Demokrasi,** artan Komünist ilerlemeyi **artık engelleyemezdi.** Weimar Koalisyonu temeli iflas etmişti. Alman kapitalistleri, **yeni bir siyasi sisteme geçmenin,** ve sosyal demokrasinin artık yeterli olmadığı **Komünist ilerlemeyi bozguna uğratmak** ve işçi sınıfını bozup parçalamak için Sosyal Demokrasinin yanında paralel yeni bir kitle örgütlenme sistemi oluşturmanın gerekli olduğunu açıkça kabul ettiler.

Sonuç olarak, Bruning diktatörlüğünün zamanından itibaren, Alman kapitalizminin ve toprak ağacılığının ana yapısının ezici desteği, şimdiye kadar yalnızca kısmen desteklenen Ulusal Sosyalizm'in emrine verilmeye başlandı, araç ellerine hazır hale getirildi. **Sadece Alman burjuvazisinden değil,** **yabancı burjuva kaynaklardan** da sınırsız fonlar, Nasyonal Sosyalistlerin kasasına döküldü."

Yani faşizmin gelişmesi gerek özgülde ve gerekse geneldeki ekonomik **krizlerin kendini daha net bir şekilde somut bir dönemde özgülde göstermesine bağımlıdır.**

Egemenlik bunalımı - Sınıfsal Yapısı

"Birçok sosyal sınıftan oluşan bir toplumsal oluşumda ve özellikle burjuva sınıfın temel olarak farklı sınıf fraksiyonlarına bölündüğü **kapitalist bir sosyal yapılanmada,** tek bir sınıf veya **sınıf fraksiyonu siyasi egemenlik alanını işgal etmez.** "Güç bloğu" olarak tanımlanan birkaç sınıf ve fraksiyondan oluşan **özel bir ittifak vardır.** Bu nedenle, egemen sınıflar ve sınıf fraksiyonları arasındaki çelişkiler, genellikle **Devlet ve rejim biçimlerini belirlemek için** yeterli önem kazanır. Faşizmin büyümesinde, iktidar bloğunun **"iç" çelişkilerinin yoğunlaşması,** karakteristik olarak onların siyasi ve ideolojik planlara yayılmasıyla ortaya çıkar. O halde **faşizmin büyümesi,** iktidar bloğunun kitlelere karşı siyasi mücadelesinin **ekonomik mücadeleye egemen** olmasıyla karakterize edilir.

Faşizmin gelişmesi durumunda, hiçbir egemen sınıf veya sınıf fraksiyonu, ister kendi siyasi örgütlenme yöntemleriyle ister " parlamenter demokratik "devlet yoluyla olsun kendi önderliğini diğer egemen sınıflara ve iktidar bloğu fraksiyonlarına zorlayamaz gibi görünür.

Temel olarak, güç bloğu, diğer tüm ittifaklarda olduğu gibi, genellikle kendi aralarında **iktidar kırıntılarını paylaşan "eşit önemdeki" sınıflardan ve fraksiyonlardan oluşmaz.** Egemen bir sınıf veya bir sınıfın fraksiyonu, iktidardaki ittifakın diğer üyelerine **kendi özel egemenliğini dayatabildiği** sürece, yani, **egemenliğini dayatmayı ve onları bir araya getirip sağlamlaştırmayı başardığı sürece,** ancak bu şekilde düzenli bir temelde işleyebilir.

Herhangi bir sınıf veya sınıf fraksiyonunun **diğerleri üzerine** egemenliğini empoze edememesi, **faşizmin konjonktürünü**

karakterize eden şeydir; bu, nihayetinde, iktidardaki ittifakın kendi isteğiyle yoğunlaşan çelişkilerinin **üstesinden gelememesidir.** Bununla birlikte, iktidar bloğu içinde hegemonya dayatma konusundaki bu yetersizlik, aynı zamanda, sosyal yapılanma topluluğu üzerindeki siyasi egemenliğinde **kendisi ve üyeleri tarafından deneyimlenen egemenlik kriziyle de ilgilidir.**

Faşizm aynı zamanda iktidar bloğunun tam ve **özgül bir yeniden örgütlenmesine** karşılık gelir.

Bu yeniden örgütlenme şu temel noktaları içerir:

(a) bu ittifak içindeki **güçlerin ilişkisinde bir değişiklik –** ittifak içindeki kuvvetlerin ilgili **ağırlığının yeniden dağıtımı;** ve

(b) iktidar bloğu içinde **yeni bir sınıf fraksiyonunun** - finans kapital veya büyük tekelci sermaye - **egemenliğinin** faşizm tarafından kurulması.

Faşizmin büyümesinin başlangıcında, egemenlik açıkça **istikrarsızdır;** bu adım sırasında, çeşitli sınıflar ve sınıfların fraksiyonları egemenlik konumu işgal eder. Sonra egemenliği üstlenmede gerçek bir yetersizlik adımı gelir; **ve nihayet iktidardaki faşizm,** daha önce bu konumu doldurmamış **bir fraksiyonun egemenliğini kurar.**

Faşizmin konjonktürü ve faşizmin büyümesinin **başlangıcı,** iktidar bloğu söz konusu olduğunda bir "taraf" **temsili krizine karşılık gelir:** bu, söz konusu **siyasi krizin** çok dikkat çekici **bir özelliğidir.** Başka bir deyişle, egemen sınıflar ve sınıf fraksiyonları ile bunların siyasi partileri arasında **bir bölünme vardır,** yani hem temsil (Devlet sisteminde) hem de örgütlenme ilişkilerinde bir **bölünme vardır. "** *(2)*

Bu unsurun önemi, hem Louis Bonapart'ın katılımından önce Fransa'daki duruma ilişkin analizinde Marks, hem de Gramsci tarafından vurgulanmıştır:

> "Temsil edilenler ve temsilciler" arasındaki bu çatışma durumları, tarafların konumlarında yankılanır ...devlet organizması boyunca, (sivil ve askeri) bürokrasinin, yüksek finansmanın, Kilisenin ve genel olarak kamuoyundaki dalgalanmalardan görece bağımsız olarak tüm organların göreceli gücünü güçlendirir.
>
> İlk etapta bunlar nasıl yaratılırlar? "

> Burada siyasi partiler, **temsil etmeleri gereken sınıflar** ve fraksiyonlar tarafından takip edilmedi. Bu, sık sık tartışıldığı gibi, hiçbir şekilde, burjuva sınıfının ve müttefiklerinin faşizmin büyümesi boyunca **iktidara faşist katılımı açıkça destekledikleri anlamına gelmez.**" (13)

Almanya , İtalya örneği

> "Gerçekte, **faşizmin yükselişinin başlangıcı,** istisnai devlet biçimleri doğrultusunda **burjuva partilerinin radikalleşmesine tekabül eder.** Bununla birlikte, bu tür partilerin aradıkları çözüm, Devletin **siyasi liderliklerini** sürdürebilecekleri veya geri **kazanabilecekleri bir çerçeve içinde farklı biçimlerde** sertleştirilmesidir. Güçler dengesine bağımlı olarak nihayetinde ya **işlevi ortadan kaldırılmış bir parlamenter sistemin**, askeri bir diktatörlüğün çözümünü kabul ederler." (13)

Egemen Siyasi Biçimde bunalım – Yeni Sistemin Düzenlenmesi

Gramsci'nin yaptığı değerlendirmelerde durum görece daha farklıdır. O'nun kuramsal örgüsü içinde geçen Sezarizm kavramsallaştırması çatışan kuvvetlerin büyük bir felaketliyle sonuçlanacak olan **iki güç arasında ortaya çıkan bir denge durumunu ifade eder**. Çatışan bu iki kuvvetin birbirleri karşısında **bir üstünlük sağlayamadıkları denge durumunda** dışarıdan bir üçüncü kuvvetin gelmesiyle birlikte iki kuvvetten geriye ne kaldıysa onu egemenliği altına alır ve kendi iktidarını kurar.

Thalheimer, Tasca ve E.Bauer'in faşizmin oluşumunu ekonomik bunalıma bağlı olarak **"eşit güçler" arasında** ortaya çıkan denge durumu üzerinden tanımlarken, Gramsci ise faşizmi, ortaya çıkan eşit güçler dengesinin **üçüncü bir gücün müdahale etmesi** sonrası katastrofik çöküş şeklinde tanımlar. (13)

"Faşistleşme süreci ve faşizm durumunda bulunan **hiçbir egemen sınıf** kendi siyasal örgütlenme araçları ve <u>demokratik parlamenter sistemin sunduğu</u> devlet desteği ile iktidar blokunun diğer egemen sınıfları üzerinde **önderliğini şu ya da bu biçimde kabul ettirecek <u>güce sahip değildir.</u>** İktidar bloku iktidar parçalarını bölüşen **eşit derecede önemde sınıflardan oluşmaz.** İktidar bloku, egemen sınıfın iktidar ittifakının oluşturduğu **diğer üyeleri üzerinde ayrı bir egemenlik empoze ettiği ölçüde,** yani onlar üzerinde hegemonya kurup onları kendi koruyuculuğu altında birleştirdiği **ölçüde düzenli işlev görebilir.** Faşizm konjonktürünü belirleyen şey egemen sınıfın hegemonyasını empoze edemeyişi, farklı bir ifadeyle kendi öz çelişkilerini verili ilişkilerin sunduğu **var olan olanaklar aracılığıyla** aşamayışıdır. Hegemonyanın kurulamayışı tüm toplumsal formasyon üzerindeki siyasal egemenliğin sürekliliğini olanaksız hale getirir. Hegemonyanın kurulamayışının bir sonucu olan siyasal egemenliğin ortadan kalkması **iktidar blokunun yeniden düzenlenmesini gerekli hale getirir.** Almanya ve İtalya özelinde ortaya çıkan faşizm, **iktidar blokunun özgün bir şekilde yeniden düzenlemesine uygun düşer.** Poulantzas'ın yeniden düzenlemeden kastettiği şey: (a) **ittifak içindeki güçler dengesindeki değişiklik,** ittifaka katılan güçlerin **göreli ağırlıklarının yeniden dağılımı,** (b) yeni bir egemen sınıf fraksiyonunun (tekelci büyük sermaye) kuruluşu. "(4)

"Ekonomik-mali ve siyasi kriz sadece tekelleri, hükümetleri, her **bir ülkenin içindeki siyasi partileri ve güçleri değil,** aynı zamanda uluslararası ittifakları, ekonomik, siyasi ve askeri blokları, ... **bu ittifakların ve blokların ortakları** kendilerini her zamankinden daha açık ve aşındırıcı bir şekilde gösteriyorlar." (11)

Egemen İdeolojide bunalım

"Bir toplumsal yapıdaki **egemen ideolojinin bunalımı** egemen sınıfın ideolojisinde ortaya çıkan bunalım anlamına gelir. Bir toplumsal yapının gerçek anlamda **birliğini** ve tutunum' unu sağlayan şey, **egemen sınıfın ideolojisidir.**"
(4)

"Faşizmin konjonktürü, egemen ideolojide bir krize karşılık gelir. Sorunun bu yönü çok yeteri kadar vurgulanmaz; temelde faşizm, verili tarihsel koşullarda **ideolojinin oynadığı belirleyici rol üzerine** doğru bir konum olmaksızın ve faşizmin zafer kazandığı **toplumsal oluşumların** deneyimlediği **ideolojik krizin derinlemesine incelenmesi yapılmadan** açıklanamaz ve anlaşılamaz.

Gerçekte, bir toplumsal oluşum içinde yalnızca egemen bir ideoloji (yani egemen ideolojinin egemenliğinin nispeten sistematik hale getirdiği ideolojik bir söylev) değil, aynı zamanda **gerçek ideolojik alt gruplar da vardır.** Bu alt gruplamalar, egemen sınıf dışındaki sınıflara ait ideolojilerin kendi içlerindeki hakimiyetinden dolayı var olurlar – örneğin; işçi sınıfı ve küçük burjuva ideolojisi.

Elbette ki, **egemen ideoloji** (yani egemen sınıfın ideolojisi), bir toplumsal yapılanma grubu içinde, **ancak** ideolojik alt gruplara ait ideolojilere çeşitli **yollarla nüfuz etmede başarılı olduğu sürece etkin bir şekilde hâkim olabilir.**

Örneğin, egemen sınıfın ideolojisi, **işçi sınıfı ideolojisine nüfuz etmeyi başardığı ölçüde** "işçi sınıfı ideolojisinin" ideolojik alt gruplarına hâkim olur. Dolayısıyla, böylesine burjuva sınıfının ideolojisi olmayan sendikacı ideoloji, bu ideolojinin işçi sınıfı içindeki bir tezahürüdür; yani sadece burjuva ideolojisinin alt-grup "işçi sınıfı ideolojisi" ne **nüfuz ederek egemen olduğu biçimdir.**

İdeolojik kriz, esas olarak, bir toplumsal yapıda egemen olan ideolojideki bir kriz, yani bu oluşumdaki egemen sınıfın ideolojisinde bir kriz olarak anlaşılmalıdır. Egemen sınıfın bu ideolojisi (bir toplumsal oluşumun gerçek "birleştiricisi"), öncelikle bu ideolojinin temel işlevi olan, siyasal olarak özne ve tabi kılınması gerekli olan ezilen sınıflar arasında - halk kitleleri arasında, saldırıya uğrar.

Ancak genelleşmiş bir ideolojik kriz durumunun ortaya çıkması da mümkündür. Başka bir deyişle, hem egemen ideolojide bir kriz hem de ana egemen toplumsal gücün ideolojisinde, farklı nedenlerle ortaya çıkan ancak birbirine paralel giden bir krizin olduğu bir durum olabilir. Faşizmin durumu (İtalya da) tam olarak buydu: hâkim burjuva ideolojisinde derin bir kriz ve aynı zamanda kitleler arasında derin bir ideolojik kriz.

İdeolojik kriz aslında iktidar ittifakının tam da kalbine saplanır-nüfuz eder:

Faşizmin askeri olarak kazanmadan önce, işçi sınıfına karşı ideolojik ve politik zaferi çoktan kazanmış olduğu vurgulanmalıdır ... "

"Faşizmin yükselişi boyunca ve iktidarın fethinden sonra, faşizm (faşist parti ve faşist devlet) karakteristik olarak hem iktidar bloğundan hem de hegemonyasını kurduğu büyük tekelci sermayenin fraksiyonundan görece bir özerkliğe sahiptir. Bu göreceli özerklik iki faktör kümesinden kaynaklanmaktadır:

(a) iktidar ittifakındaki sınıflar ve fraksiyonlar arasındaki iç çelişkilerden, yani onun iç politik krizinden: bu bloğu yeniden düzenlemek ve onun içinde büyük tekelci sermayenin fraksiyonunun hegemonyasını kurmak için gerekli göreli özerklik;

(b) egemen sınıflar ve fraksiyonlar ile egemen sınıflar arasındaki çelişkilerden, yani toplumsal oluşum gruplaşmalarının politik krizinden ve **faşizm ile egemen sınıflar arasındaki karmaşık ilişkiden**. Bu ilişki kesinlikle **faşizmi siyasi tahakküm ve hegemonyanın yeniden kurulmasına aracılık etmek için vazgeçilmez kılan şeydir."** (2)

Poulantzas' a göre, eşit güçler arasında ortaya çıkan denge durumu, genel denge bunalımı ile katastrofik denge bunalımı, verili güç ilişkilerinin neden olduğu siyasal bunalımların özgül bir çeşididir. Faşizm eşit güçler arasındaki dengeye dayalı gelişen siyasal bunalım türlerine tekabül etmez. Faşizm, **sınıf mücadelesinin kendine özgü konjonktüründe** siyasal bunalımın genel bir karakteristiğine sahip olmasına rağmen, **tamamen özgül bir siyasal bunalımın özel bir karakteristiğini ifade eder**. Siyasal bunalımın yol açtığı olağanüstü devlet biçimi sınıf mücadelesinin geçtiği alanın **özel niteliği içinde ortaya çıkar**. Siyasal bunalım kurumsal sistem içindeki çatlaklarla birlikte gelir. **Kurumsal bunalım** sınıf mücadelelerini etkilemesine rağmen, **onun bir sonucudur.**

"Burjuvazinin proletaryaya karşı siyasal saldırısı, sermayenin ekonomik alandaki saldırısına sıkı sıkıya bağlıdır, bunun en şiddetli ifadesi faşizmdir. **Faşizm egemen sınıf açısından gerek özgülde karşılaştıkları** ve gerekse politikaları sonucunda kaçınılmaz olarak karşılaşacakları **siyasal bunalımın** aşılmadığı ve aşılamayacağı dönemlerde **zorunluluk olarak ortaya çıkar.**

Özgül bir dönemde, burjuvazinin "demokratik" yöntem ve "araçlarla" yönetmeyi, yeni politikaları uygulamayı imkânsız gördüğü anda, ülke hayatında faşizmin gelişmesi ve **faşizmin**

kurulması eğilimi kaçınılmazdır. Yani Faşizm sermaye açısından **siyasal bir zorunluluktan doğar.** (4)

"Savaş çığırtkanlığı yapan burjuva politikacılar arasında **faşizmin artık en moda** meta haline gelmesi şaşırtıcı değildir." *(10)*

"Yeni savaşların hazırlanması için, Sosyal-Demokrasi kadar ciddi bir güç tarafından desteklense bile, Pasifizm tek başına yeterli değildir. Bunun için emperyalist merkezlerdeki kitleleri bastırmanın birtakım araçlarına da ihtiyaç vardır. Emperyalizmin geri cephesi güçlendirilmedikçe emperyalizm için savaşmak imkansızdır. **İşçileri bastırmadan emperyalizmin arkasını güçlendirmek imkansızdır. Ve işte faşizm bunun içindir.** " *(10)*

Geliş Şekilleri

"İtalyan deneyimi, burjuva demokrasisinin faşizme geçişinin **klasik bir göstergesidir.** Faşizm, burjuva demokrasisi koşullarında doğdu, beslendi ve hazırlandı; ve koşullar olgunlaştığında, işçi sınıfı ve ara tabakalar üzerinde büyük sermayenin çıplak terörist diktatörlüğünü uygulamak için iktidara getirildi. " *(6)*

Almanya deneyimi proletaryanın zaferini takip eden devamındaki 15 yıl içinde, Sosyal Demokrasinin ihaneti nedeniyle tam tersine döndü.

Avusturya deneyimi de Almanya deneyiminden bu anlamda farklılık göstermedi, Sosyal Demokrasi tarafından ihanete uğradı.

Sosyal demokratların "kapitalizmi kurtarma" kahramanlık ideoloji ve güdüleri gelişmiş kapitalist diğer ülkelerde farklı değildi. Fransız sosyalisti Montel, krizin başlangıcından önce, 1928'de, "Sosyalist Parti, kendisini burjuva toplumunu kurtarabilecek tek parti olarak sunacak" diye ilan etmişti. Çünkü Sosyal Demokrasinin ideolojisinin özü, kapitalizm ve kapitalist devlet ile sınıf iş birliği anlayışı ve pratiğidir.

Farklı biçimlerde ve alanlarda örgütlenen, uygulanan baskı ve **"terörizm, faşizmin iktidara gelmesi için bir ön hazırlıktır.** Bu gangsterlerin eylemi için gerekli koşulları kendisi yaratan burjuvazi, işçi sınıfını, mücadele ve fedakarlıklarla kazandıkları çok sınırlı ekonomik alanda, sosyal güvenlikte vb. "hakları" bile kaybedecekleri yoluyla tehdit eder ve kapitalizmin kurduğu mevcut düzenin korunması gerektiği anlayışını oluşturmaya çalışır.

Enver Hoca faşizm üzerine şunları söylüyordu;

"Pek çok kapitalist ülkede kriz büyüktür, sermaye tarafından desteklenen terörizm büyük oranlara ulaşmaktadır. Krizden çıkıp işçi sınıfı ve halkın her türlü ayaklanma ve devrim olasılığını ezmek için, bu ülkelerdeki gerici **güçler otoriter bir devlet, faşist diktatörlük** için zemin hazırlıyorlar. Emekçi kitleler, biz Marksist-Leninist partiler ve ilerici halklar, **faşist diktatörlüğün**, sermaye iktidarının yaşadığı zor durumun bir sonucu olarak ortaya çıktığını anlayamazsa, ve ona karşı savaşmazsa, faşizm kurulacaktır, çünkü kriz devam edecek, çünkü kapitalizm, gittikçe daha fazla yoksullaşacak olan emekçi kitleler pahasına gelirini korumaya çalışacaktır. Silahsız oldukları için, böyle bir şeyin neden meydana geldiğini anlamadıkları ve ona ve başkentin diğer eylemlerine karşı savaşmadıkları için, bu kitleler, **krizden çıkmanın bir yolu olacağını düşünerek faşist bir çevrenin esaretini kabul edeceklerdir.** . Aslında bu işçi sınıfı ve emekçi halk için bir çıkış yolu değildir, **çünkü faşizm**, halk kitlelerini bugün olduğundan daha fazla ezecek olan, **sermayenin en vahşi diktatörlüğünü temsil eder. "**

"Faşizm Sermayenin en acımasız diktatörlüğüdür." (11)

Yansıyan Pratikleri

> "1926'dan sonra tüm gazetelerin hep yalan söylüyordu, ordunun aktif bir ideolojik beyin yıkama süreci başlamıştı ve hükümetin kendi yalanlarına inanmaya başlamıştı." *(3)*

"Tekelci Kapitalizm de "çürüme eğilimleri, geriye dönük eğilimler sürekli olarak öncekinden daha güçlü gelişir ve ilerleme eğilimi eskisinden daha zayıf gelişir. "Sermayenin tekelci biçimi, kapitalizmin asalak yozlaşması, çürümesi ve gerilemesi unsurlarını giderek daha fazla geliştirir." *(Komintern)* Ve **faşizm, tam da bu sürecin keskin ve yoğunlaştırılmış bir ifadesi** ve onu **ileriye götüren doğrudan bir faktördür.**

Bu sürecin karakterini ve önemini daha net görebilmek için, Lenin'in yirmi yıl önce belirttiği "çürüme" unsurlarını, Dünya Savaşı öncesi emperyalizmin gerçekleri ve bugünkü bu çürüme unsurların muazzam gelişimi temelinde karşılaştıralım.

Lenin, çürümenin özel bir kanıtı olarak şunları kaydetmişti:

1. Parazitlik ve rantiyer ile "rantiye-devletin" büyümesi;

2. Buluşları bastırmak için satın alan tröstlerde olduğu gibi, "teknik ilerlemeyi yavaşlatan ekonomik olasılığın" başlangıcı.

Günümüzde, bu süreci ileriye taşıyan diğer özellikler:

1. Üretici güçlerin devlet eliyle büyük ölçekli yıkımı ve üretimin kısıtlanması;

2. Teknik gelişmeye ve icatların kullanılmamasına karşı artan direnç, askeri alan dışında, hükümet, bilim, ticaret ve ekonomi çevrelerinde ifade bulmaya başlayan icatlara karşı yaygın bir ideolojik düşmanlığa dönüşmesi;

3. Bilim ve kültür karşıtı kampanyanın geliştirilmesi, eğitimin daraltılması, kitapların yakılması - aynı zamanda üretici güçlerin bir tür yıkımı;

4. Daha önce görülmemiş bir şekilde kronik **geniş ölçekli kitlesel işsizlik** - yine üretici güçlerin bozulması ve yıkımı;

5. Üretici güçlerin artan oranda savaş hazırlığıyla bağlantılı olarak üretken olmayan amaçlara bağlılığı.

Bu sürecin **bir ifadesi ve hızlandırıcı bir faktör olarak** faşizm ile birlikte, günümüz kapitalizminin giderek artan çürüme içindeki bu resmi, **en keskin ifadesini Faşizmde alan günümüz kapitalizminin** tüm bu olguları, meydana gelen artan çürüme süreci için en büyük öneme sahiptir." (2)

Emperyalist sermaye ihracı– Saldırganlık ihtiyacı

Faşizm ve savaş

> ""Faşizm, modern emperyalizmin, çürüyen kapitalizmin, kriz halindeki kapitalizmin en şiddetli politikalarının önde gelen ifadesidir, bu nedenle Faşizm zorunlu olarak savaş demektir. " (2)

"Rekabet sermayenin yoğunlaşmasına ve merkezileşmesine neden olur ve bu süreç geliştikçe devlet ekonomiyi yönetmede gittikçe aktif bir rol oynamaya başlar " değerlendirmesini yapan Buharin aynı zamanda, "**üretim, ticaret ve yatırımın** ulusal sınırların dışına çıkması **ve küresel ölçekte örgütlenme** eğilimi olmasının kaçınılmazlığını" vurgular. (1) Sermaye ihracının - dış yatırımların korunması sadece anlaşmalar yoluyla değil, **askeri güçle garantilenmesini de beraberinde getirir**. Bu nedenle, Ekonomik rekabet giderek jeopolitik rekabet biçiminde olma eğilimine dönüşür. Başka bir deyişle, ekonomik rekabet, devletler, bölgeler ve nüfuz alanı genişletmek için devletler **arasındaki siyasi ve askeri rekabetlerin oluşmasıyla ifade edilir**.

Faşizmin tarihi, onun zaferinin sonuçta askerileşme ve emperyalist savaşlara yönelme kaçınılmaz gerçeğini gösterdi." (2)

Faşizme Karşı Mücadele

"Somut bir **Marksist-Leninist analiz olmadan,** faşizm sorununu, proleter birleşik cephenin ve Halk Cephesinin sorunlarını, burjuva demokrasisine karşı tutumumuz sorununu, devam eden süreçlerin sorununu birleşik cephe hükümeti sorununu, asla doğru bir şekilde sunamayacak ve çözemeyeceğiz -işçi sınıfı içinde, özellikle Sosyal Demokrat işçiler arasında ya da yaşamın kendisinin ve sınıf mücadelesinin gelişiminin karşı karşıya kaldığı sayısız diğer yeni ve karmaşık sorunlardan herhangi biri şimdi ve gelecekte de karşımıza çıkacaktır." *G.D*

Nasıl ki çürüyen kapitalizm -emekçi halkların sokaklara yansıyan pratiği olmadan- **kendi kendine seçimle, sırf parlamenter mücadele ile ortadan kalkmayacaksa,** bir özgülde kapitalizmin en gerici iktidar biçimlerinden birisi olan Faşizm de **sokaklara dökülen aktif bir emekçi mücadelesi olmadan,** ne işlevsiz hale getirilmiş parlamento yoluyla, ne de işlevinde hiçbir kontrol olmayan "sandık"- **seçimler yoluyla yıkılamaz.**

Faşizmin gelişmesi- güçlenmesi sadece parlamenter süreçlerle engellenemeyeceği ve yok edilemeyeceği, tarihte kanlı anti-faşist mücadele örnekleriyle zaten kendisini kanıtlamıştır. Bu **"sokaktan" kopuk seçim-parlamenter yanılgıyı,** bu hayalciliği oportünist liderliklerin sistematik olarak savunması, nihai sonuçta anti-faşist savaşçıların öncüsü olmak değil, faşist demagoglara ve onların tekelci kapitalist destekçilerine yardım etmek olur. Bu yaklaşımın reformist özü asgari amacı azami amaçtan soyutlayan, yani devrimi dışlayan, emekçi halkların mücadelesinin önderliğini, köşeye sıkışan "aldatıcı reformlar uygulayarak "tehlikeyi durduracak" burjuvazinin bir diğer kesimine terk edecek olan niteliktedir.

Önderliği tamamen tekelci kapitalizmin **reformist yatıştırıcılarının ve sözcülerinin eline terkedildiği** bir "anti-faşist" birlik, reformist karakteri nedeniyle, işçi sınıfı çoğunluğunun ekonomik ve siyasi kaybı pahasına taviz vermeye kendini adamış bir "birlik", zaferin değil yenilginin temelini atar.

"Faşizmin kuruluşunun koşulları **burjuva "demokrasisi" kabuğunun içinde** egemen sınıf tarafından yaratılır, faşizme karşı mücadele, işçi sınıfının faşizme karşı bir savunma olarak **burjuva "demokrasisine" güvenerek verilemez.** Bu mücadele, ancak birleşik ve kararlı bir işçi sınıfı tarafından, ekonomik ve siyasi alandaki mali sermayenin **tüm saldırılarına** karşı başarılı bir şekilde yürütülebilir". *(6)*

Komintern Üçüncü Kongre'de, **faşizme karşı yürütülmesi ön görülen** önemli mücadele şekillerinden bir diğer de **"birleşik cephe" taktiği** üzerine yapılan değerlendirmeler olmuştur. Kongre'de komünist partilerin, Sosyalist devrimin ve işçi sınıfı diktatörlüğünün vurgulanması ön koşuluyla, asgari güncel acil taleplerin savunulması ve **sosyal demokrasinin ihanetinin pratikte kitlelere** gösterilmesi yoluyla temel olarak alttan kurulacak **bir "Cephe'nin oluşturulmasının taktiksel önemi vurgulanmıştı.**

Birleşik Cephenin Önemiyle ve sözü geçen "ihanet-teşhir" ile ilgili olarak Almanya örneğini ele alırsak; "Tüm yüksek oranda teşvik edilen ve şiddetle desteklenen Nazi ajitasyonuna rağmen, birleşik işçi sınıfı güçleri, **eğer birleşmiş olsalardı,** Faşist güçlerden ölçülemez ölçüde üstün durumdaydı. Seçim oylarının salt sayısal karşılaştırmasında bile, bir istisna dışında, **baştan sona üstündüler.** Sosyal Demokrat ve Komünist oylarını, **potansiyel birleşik işçi sınıfı oylarının bir göstergesi olarak bir araya getirirsek** (eğer bir Cephe, kapitalist diktatörlüğe karşı birleşik bir mücadelenin muazzam uyarıcısı-canlandırıcı olsaydı, anında çok daha yüksek olurdu), bu toplam, Temmuz 1932 hariç her seferinde Nazi oyları toplamını aştı. Dolayısıyla **belirleyici sorun, birleşik işçi sınıfı mücadelesi sorunuydu.** Komünist Parti tüm çabalarını buna adadı. Sorun **gittikçe daha acil hale geldikçe,** Komünist Parti, hem işçi kitlesine hem de özellikle Sosyal Demokrat Parti'ye ve Genel Sendika Federasyonu'na, **Faşizme ve kapitalist saldırıya karşı birleşik işçi sınıfı cephesi için durmadan çağrı yaptı...** Komünist Parti, doğrudan Sosyal Demokrat Parti ve Genel Sendika Federasyonu Yöneticilerine başvurarak, olağanüstü hâl kararnamelerinin yürürlükten kaldırılması ve "Fırtına Birliklerinin" dağıtılması için **ortak bir genel grev Örgütlenmesini önerdi.** . Sosyal Demokrat liderlik, bu birleşik **cephe çağrısını reddetti,** herhangi bir genel grev çağrısını provokasyon olarak damgaladı ve **Faşizme karşı çıkmanın tek yolunun oy pusulası olduğunu ilan etti.**" *(2)*

Almanya da Cephenin Kurulamaması örneği

"Komünist Parti, birleşik cepheye doğrudan çağrıda bulunarak, Almanya'nın her yerinde Sosyal Demokrat, sendika ve örgütsüz işçilerle aşağıdan birleşik cepheyi inşa etmek için gücünün sonuna kadar çabaladı. Bu, artan kitlesel gösterilerde ve kısmi grevlerde ve eylemlerde görüldüğü gibi geniş bir tepki kazandı; ancak birleşik cephede yer alan tüm aktif üyeleri ve örgütleri dışlayan Sosyal Demokrat ve sendika liderliğinin resmi olarak yasaklanmasıyla etkin güce ulaşma konusunda ağır bir engelle karşılaşmıştı.

Bu tarihi gerçek karşısında, tarafsız bir yargıcın, Hitler'i tek başına yenebilecek birleşik işçi sınıfı cephesinin, yalnızca Sosyal Demokratların ve sendika liderliğinin resmi olarak yasaklanmasıyla imkânsız hale getirilmesinden başka bir karara varması imkansızdır.

Almanya'da Faşizmin zaferini mümkün kılan belirleyici koşul buydu."

Cephe ve Devrimci durum mu gelişiyor yoksa karşıdevrimci durum mu gelişiyor tartışmaları?

"Halk, yalnızca faşistlerin ellerinden aldıkları özgürlükleri yeniden kazanmak için değil, **aynı zamanda** emperyalistlerin ve gerici kliklerin demokrasi kisvesi altında onlara dayattığı **boyunduruktan kurtulmak için silaha sarıldı.** Bu nedenle savaş basit bir mesele değildi, çünkü müttefik **anti-faşist kamp içinde** tüm güçlerini gerçek özgürlüklerini ve demokrasilerini ve diğer köleleştirilmiş uluslarınkini savunmak için mücadeleye koyan devletler vardı, ama **aynı zamanda** faşizme karşı savaşını farklı bir şekilde yorumlayan ve yürüten devletler de vardı.

Her yerde olduğu gibi ülkemizde de tepki faşizm tarafından silahlandırıldı." (11)

Stalin Ekim Devriminin Uluslararası Karakteri yazısında şöyle bir değerlendirme yapmıştı;

> "**Kapitalizm kısmen istikrara kavuşabilir**, üretimini rasyonelleştirebilir, **ülke yönetimini faşizme devredebilir,** işçi sınıfını geçici olarak durdurabilir; ama daha önce sergilediği "sükuneti", "güvenceyi", "dengeyi" ve "istikrarı" asla geri kazanamayacak; çünkü dünya kapitalizminin krizi, devrimin alevlerinin kaçınılmaz olarak, şimdi emperyalizmin merkezlerinde, şimdi de çevresinde, kapitalist yama işini boşa çıkararak ve kapitalizmin çöküşünü her gün daha da yaklaştırarak patlak vermesi gereken gelişme aşamasına ulaştı. . Tıpkı meşhur masalda olduğu gibi, "**kuyruğunu çamurdan çıkardığında gagası sıkıştı; gagasını çıkardığında kuyruğu sıkıştı.** "(10)

Herhangi bir özgülde Devrimci durumun gelişiyor olması, kaçınılmaz olarak **kısa vadede karşı-devrimci durumu da geliştirecektir.** Ancak bu paralel olarak, Karşı-devrimci durumun kesinlikle ve **kısa vadede** kaçınılmaz bir devrimci durumu geliştireceğini **öngörmez.** Kapitalizmin varlığının genelde devrimci durumun varlığına işaret etmesi, **özgülde** herhangi bir ülkede **devrimci durumun varlığını göstermez.**

Güçler dengesindeki değişim ve buna bağımlı olarak devrimci ve karşı devrimci durum verili andaki somut şartlara, durumlara bağımlı olarak birbirini karşılıklı etkiler ve belirler. Zaferle değişen güçler dengesi, devrimci durumları etkileyerek yeni zaferlere yol açabilir.

CPSU Merkez Komitesinin "1941-1945 Büyük Vatanseverlik Savaşında Sovyet Halkının Zaferinin 30. Yıldönümü Üzerine" Kararı kısmen şöyle diyordu:

"**Faşizme karşı kazanılan zafer,** kapitalist ülkelerde işçi sınıfı hareketinin daha da gelişmesi, işçi sınıfı davasının ve tüm emekçi insanların davasının en aktif savunucuları olan komünist ve işçi partilerinin **büyümesi ve sağlamlaşması için elverişli koşullar yarattı.** Uluslararası komünist hareket, günümüzün en etkili siyasi gücü haline geldi. "

Ancak "yeni zaferler", güçler dengesindeki değişim, karşı devrimci durumu ortadan kaldırmaz. Yani "denge" – son kapitalist ülke yıkılana kadar - durağan değil, değişkendir

"Günümüzde bile, İkinci Dünya Savaşı'nı izleyen özgül koşulların ardından eşi görülmemiş bir ekonomik genişleme ve refah dönemine bağlı olarak ciddi devrimci ayaklanmalar tarafından tehdit edilmeyen ve baskı ve şiddetin yurtdışına ihracatı, **demokratik yönetim biçimleri hâlâ sürdürülüyor,** emperyalizmin derinleşen krizi, egemen tekelci kapitalist sınıfı, bu demokratik **biçimleri yeni diktatörlük ve baskıcı yöntemlerle tamamlamaya giderek daha fazla zorluyor.**

Bu henüz faşizm değil, ancak tüm kapitalist ülkelerde faşist yönetim biçimleri **yönünde açık bir eğilim.**

Marks Kapital de, "**Toplumsal emeğin üretim güçlerinin gelişimi, sermayenin tarihsel görevi ve ayrıcalığıdır.** Bilinçsiz olarak daha yüksek bir üretim tarzının maddi gereksinimlerini yaratır " demişti.

Kapitalizmin bu ilerici tarihsel rolünü kabul ederken, Marks bir asırdan fazla bir süre önce işaret ettiği kapitalist gelişmenin iç yasalarını ortaya koymaya devam etti. Kapitalizmin **üretici güçleri örgütleyip geliştirebilmekten çok uzak olduğunu,** yalnızca proletarya tarafından kurtarılabilecek şiddet içeren krizler, durgunluk ve çürümenin **giderek daha kısır döngüsüne sürükleyeceği** bir aşamaya ulaşacağını ön görmüştü. " (6)

SONUÇ

Sonuç olarak faşizmin tarihini ve özgüllerdeki değerlendirmelerini göz önünde bulundurursak; her şeyden önce **Faşizm "sınıflar üstü" bir iktidar biçimi değildir.** Faşizm ne "küçük burjuvazinin", ne de *(KB den farklı olarak her ne demekse)* "orta!! burjuvazinin" bir sistemidir. **Faşizm herhangi bir özgülde** ekonomik-siyasi krizle karşı karşıya kalan ve bu krizi **var olan siyasi iktidar biçimi** ve egemen ideoloji ile kendi özgül amaç ve çıkarları doğrultusunda **çözüme ulaştıramayacak** olan sermayenin en gerici kesiminin yaşama uyguladığı **"yeni" bir ideolojinin** egemenliğinin sağlanmasını **gerektiren "yeni" bir sistem biçimidir.**

Birkaç kelimede özetlersek;

Herhangi bir özgüldeki ekonomik- siyasi bunalım **Faşizm değerlendirmesinin temelini oluşturur.**

Bunun dışında kalan "**güçler dengesi**", "**egemen kültür bunalımı**" Faşizmin **geliş BİÇİMİ** *(askeri, yarı askeri, sivil)* **ve geliş SÜRECİ** ile ilgili etkenlerdir.

"Güçler dengesi", "egemen kültür bunalımı", **aynı zamanda** "parlamentonun varlığı ya da yokluğu", "Muhalefetin varlığı ya da yokluğu", "muhalefete karşı tutumları", "baskıların " derece ve biçimleri gibi Faşizmin toplumsal yaşama **YANSIMALARI** ile ilgili etkenlerdir.

Yani geliş biçimi, süreci ve yansımalar Faşizmin varlığı ya yokluğu konusunda temel alınacak değerlendirmeler değildir.

Nasıl ki uluslararası tekelci sermaye kendi aralarında rekabet ve çıkar çatışmaları olmayan yekpare - **tek bir bütün grup değilse**, verili herhangi bir ülkede de hâkim sınıflar aralarında rekabet ve çıkar çatışması olmayan yekpare- tek bir bütün grup değildir. Onları bir araya getiren işçi sınıfının kapitalizme karşı mücadelesi olgusudur.

Herhangi bir özgülde hâkim sermaye grubu içinde var olan ya da yeni oluşan (bir ülke sınırları içine kapanmış anlamda) "ulusal" sermaye gerek ülke içinde ve gerekse birikmiş sermayesinin uluslararasına ihracı ve bu yatırımların korunması amacında var olan "komprador" ya da zaten " uluslararası sermaye" konumuna ulaşmış sermaye grupları arasında çelişkiler keskinleşir. **Faşizm bu yeni** ya da **artık "ülke sınırları içinde" sıkıştırılamayacak güce ulaşan "Ulusal" sermaye grubunun iktidarda önderliği ele geçirmesinin sınıfsal bir yansımasıdır. Bu sistemin** hakimiyetinin **"tek"li** olduğu anlamında ele alınmamalıdır, nasıl ki burjuva demokrasisinde **iktidar**, sermaye **gruplarının bir kesiminin diğerleri üzerine önderliğini kabul ettirdiği ortak bir niteliğe** sahipse, **faşizm de de, <u>farklı bir grubun önderliğinde</u> "ortak" yapıya sahiptirler.** Bu nedenle **Faşizmin başlangıç ve birincil görevi** bu hâkim sınıflar içindeki çelişkileri **"uyumlaştırma"** yönünde tedbirler **almak olmuştur.** Bu İtalya'da da, Almanya'da da **tarihi olarak kanıtlanmıştır.**

Nazi Almanya'sının başlangıç dönemine geri dönüp baktığımızda, (genel batı değerlendirmesi olan, sermayenin bütün gücünün tek bir Partide-onun zoruyla- odaklanmasının tersine) Nazi rejimi "tekçi" bir özelliğe değil, **birbirleriyle çıkar çatışması içinde olan tekelci-sermaye , ulusal sermaye ve toprak sahiplerinin** uzlaştırıcı ve uyum içine getirme - **çoklu sermaye-rejimi olduğunu görürüz.**

1929 a kadar gözlem içinde bulunan ve **aktif destekçi olmayan** tekelci sermaye, Haziran 1933 de diğer burjuva partilerin dağıtılmasıyla, **aktif ve "kontrol eden"** rol almaya başladı. İşçi haklarına saldırının yaygınlaştığı bu dönemde, Alman Sanayi Federasyonu'nun da hükümeti desteklemesiyle, **sermaye arasındaki "uyum ve uzlaştırma "** görevi Nazi partisinde odaklaşmış oldu.

Alman tekelci sermayenin içindeki karşılıklı gruplar ve çelişkiler, işçi sınıfı hareketlerinin bastırılması ve emperyalist yayılma **ortak amaçta birleşmesine rağmen** politika ve stratejide farklılıklar gösteriyordu. Nazi SS ler hükümetle tekellerin arasında kooperasyonun aktif oyuncuları haline geldiler. Nazi SS lerin gelecek dünya imparatorluğunda **kalıcı bir yapıya ve etkenliğe** sahip olacağı umut ediliyordu ve **Hitler başaramazsa** ona alternatif seçilecek olan hükümette **önemli rol oynayacağı bekleniyordu.**

Benzer şekilde İtalya da Toprak ağaları ve küçük sanayi şirketleri hâkim "grupların" desteğini alan Mussolini'ye, Büyük sanayi ve büyük sermaye grupları, **desteğini sınırlı tutuyordu,** ve Roma ya Yürüyüşe kadar desteğini gözlerden uzak ve sınırlı tuttu. "Pragmatik "Mussolini, büyük sanayi ve sermayenin desteğini alma stratejisini yaşama geçirmeye bu dönemde başladı.

Roma ya Yürüyüşten" bir ay önce Eylül 1922 de Mussolini, bu hedefte, şunları söylemişti.

> "Demiryolu Devletine, Posta Devletine, Sigorta Devletine bir son vermeliyiz. Bütün İtalyan vergi mükelleflerinin parasını çarçur eden ve İtalyan Devletini mali olarak kötüleştiren **"devlete" bir son vermeliyiz.** " (14)

Mussoli'nin, bu konuşmasından bir ay sonra, Ekim 1922 iktidara gelmesi, **Mussoli'nin diğer hâkim sınıfları, onlara daha iyi servis vereceği yönünde ikna etmesinin** bir ilk yansıması olarak, "koalisyon" la gerçekleşti, ve 1925 e kadar **koalisyon faşizmi** olarak devam etti.

Yani **faşizmin**, sınıfsal anlamıyla Komintern ve Dimitrov tarafından net bir şekilde **" sermayenin en gerici kesiminin iktidarıdır"** olarak tanımlanması günümüzde de doğruluğunu kanıtlayan bir tanımlamadır.

Faşizmin geliş biçimleri ya da **pratiğe yansımaları**, faşizmin var ya da yok oluşunda belirleyici olamaz, çünkü faşizmin geliş biçimleri özelde ülkelerin kendi ekonomik ve siyasi durumlarına ve genelde dünyadaki şartlara ve durumlara bağımlı olarak **farklılıklar gösterir.** Güçler dengesine bağımlı olarak **geliş sürecindeki "biçimler"**, onun güçlenme döneminde kaçınılmaz olarak yaratacağı muhalefet le kendisi arasındaki **"güçler dengesinde" ki değişimlere** bağımlı olarak farklı "biçimlerde" yansıyacaktır. Yani **sınıfsal yapısından ve nedenlerinden** kopuk, **geliş** biçim ve pratik **yansımalarına** bakarak **faşizmin varlığı ya da yokluğu** konusunda yapılacak değerlendirmeler, objektif olmaması bir yana, **Marksist Leninist değerlendirmeler olamaz.**

Türkiye'de faşizmde örnekleme yapacağım gibi, Marksist Leninistler kendilerini "**Askeri darbe oldu o zaman faşizm var**", "askeri darbe **olmadı o zaman faşizm yok**", ya da " parlamento hata var o zaman faşizm yok" vs., gibi dar kafalı anlayış seviyesine indirgemezler. Geliş biçimleri ve süreçleri tamamen **"güçler dengesine"** ve egemen **ideolojide bir bunalım** olup olmadığına-olmayacağına bağımlıdır. İstisnalar hariç askeri darbe gelişen işçi sınıfı mücadelesinin varlığına ve o andaki güçler dengesine tekabül eder. Kimisinde kısa zamanda **askeri darbeyle**, kimisinde süreç içinde **sivil darbeyle yaşama uygulanabilir**, ve unutulmaması gereken gerçek, **her askeri darbe "faşist" darbe değildir.**

Faşizmin Yıkılmasının Kaçınılmazlığı

Nasıl ki Faşizmin gelişini oluşturan kaçınılmaz koşullar varsa, Faşizmin yıkılışını da kaçınılmaz kılan koşullar vardır. Eminim ki "faşizm seçimler ve parlamento yoluyla yıkılmaz" dedikten sonraki bu söyleme Marksizm'in diyalektiğini somut durumlara ve gelişmelere uygulama niteliğinden yoksun olanlar tarafından **"bu ne lahana bu ne perhiz"** denilecek ve gülüp geçilecektir.

Sermaye içindeki **bir fraksiyonun önderliğini diğer gruplara dayatması olan Faşizm** iki çelişkiyi beraberinde getirir. **Birisi sermayenin kendi içindeki çelişki**, diğeri sadece emekçi kitlelerle değil, giderek her katmandan en geniş kitleleri de içine alan **"yönetenler ve yönetilenler"** arası çelişki.

Özellikle Türkiye'de var olan "devlet-hükümet" eşleştirmesi, bu yanlış algılama bir **bürokratik kurum olarak hükümetin** kendi başına bir "değer" yaratmadığını, sadece yaratılan " değerin" "üretim" sürecindeki ve devamındaki koordinasyonunu, dağıtımını ve tüketimini kontrol ettiği gerçeğini göz ardı eder. Yani **hükümet üretim ilişkilerinde** "yasaların" hazırlanması ve hayata geçirilmesi ile sorumlu, **devletin bir kurumudur.**

Bu anlamda hükümet, yani **bürokrasi hâkim sınıf değil,** hâkim sınıflara hizmet eden siyasi bir yapıdır. Bu anlamda, Türkiye özelinde Erdoğan ve AKP **sınıflar üstü**, sermayeden -hâkim sınıflardan bağımsız, onların üstünde , **kendi başına-kendisi için siyasi bir yapı değildir.** Onu destekleyen ve liderliği eline geçirmiş **sermaye grubunun "hükümetidir".** Sermaye bloğu içinde uyum sağlandığı, bütün blok yağmadan aslan payları aldığı, emekçi kitlelerin mücadeleleri bastırıldığı sürece faşizm bloktan desteğini alır.

Faşizmin tarihi örneklerine bakarsak onun **yıkılmasını kaçınılmaz kılan** iki örnek görebiliriz. **Birincisi** yine faşizmin dizginsiz sömürüsü ve acımasız baskıları nedeniyle kaçınılmaz **olarak emekçi halkların** ve etkilenen diğer katmanların **giderek güçlenen** muhalefeti, **ikincisi** bu "muhalefet" gelişmelerinden – yani içteki gelişmeler – ve "ulusal" – *ulus içine tıkanmış* burjuvazinin uluslararası tecrübesizliği, vurdumduymazlığı ve stratejik ortaklıklardaki doğal kaypaklığı – yani dış politikadaki gelişmeler- nedeniyle endişeye **kapılan sermayenin diğer grupları ile arasındaki çelişkilerin derinleşmesi.**

Bu gelişmeler – özellikle yükselen emekçi kitlelerin muhalefeti- karşısında varlığını sağlama almak isteyen sermaye grup ya da grupları **içte** olası bir devrimi ya da en azından olası bir halk hükümeti oluşumunu engellemek, **dışta** kendi çıkarlarına ters düşen uluslararası stratejik ortaklıkları **engellemek için harekete geçecektir.**

Tarihi örnekler de göstermiştir ki, yükselen devrimci dalga karşısında **sermaye arası, derinleşen çıkar çatışmaları** uzun yıllar süren çatışmalar olmamıştır. Bir şekilde bir grup ya da grupların, "önderliği" ele geçirmek için harekete geçmesi, emekçi muhalefet hareketinin **devrime dönüşmeden durdurulması, burjuva demokrasisine geri dönüşü noktalayan** reformlarla frenlenmesi kaçınılmaz bir sonuçtur.

İşte bu gerçekte ve bu noktada **devrimci önderlikler** altında bir **halk cephesinin oluşturulması**, "sorun sokakta çözülmez gibi "reformist söylemlerden" kaçınılması emekçi halkın faşizme karşı mücadelesinin **"sermayenin diğer bir grubu"** önderliği altına kaymasını, ve birkaç reformla **durdurulmasını** engelleme anlamında hayati önem taşımaktadır.

TÜRKİYE DE FAŞİZM

Türkiye'de Faşizmin geçmiş tarihine bakarsak, **faşizmin temel nedeninin** gelişen devrimci mücadeleyi bastırmayı hedeflediğini, bu "devrimci durumu" yaratan nedenleri çözmek ve Türkiye'de gelişen ve güçlenen tekelci kapitalizmin, sermaye bloğunun merkezileştirilmesi yönünde çalışmaları hızlandırmak olduğunu görürüz. Yani, her ne kadarda dış güçlerin yardımı olması olasılığı olsa da Türkiye de, ne geçmişte ne gelecekte Faşizm "bir dış komplo" sonucu değil, ülke içinde var olan somut ekonomik-siyasi durum ve güçler dengesine bağımlı olarak **"iç teki egemen sermayenin"** karşılaştığı **siyasal bunalımın üstesinden** gelmek için baş vurduğu bir sistem biçimidir. Bu iç ve dış etkenlerin birbirinden soyutlanması değildir, dış etkenlere de bağımlı olarak içte oluşan ekonomik ve siyasi etkenlerin belirleyici olduğudur.

Buhari'nin açıklamasıyla "Rekabet sermayenin yoğunlaşmasına ve merkezileşmesine neden olur ve bu süreç geliştikçe devlet ekonomiyi yönetmede gittikçe aktif bir rol oynamaya başlar."'" (1) **Türkiye'deki pratik gelişmeler,** Buhari'nin değerlendirmesinin doğruluğunun kanıtıdır. Buharin, sermayenin ve devletin "devlet kapitalist güvenceleri dediği şeyi oluşturmak için ulusal düzeyde birleşme eğilimi olacağını" (1) vurgular.

Türkiye'de 1990'lardan sonraki ekonomik ve siyasi gelişmeleri, güçler dengesindeki eşitsizliği – neredeyse yok denecek kadar zayıflayan işçi sınıfının mücadelesini - göze alırsak, ezberci ve şabloncu yaklaşımın tersine, **faşizmin geçmişten farklı bir biçimde oluşturulacağı gerçeğini görebiliriz.**

Ekonominin dengesiz gelişmesi yasasının somut bir örneği olarak 1990larda bu yana Türkiye'de **YENİ tekelci şirketlerin** ve sermayenin oluştuğu göz ardı edilemez .

Yeni sermayenin gelişmesi, sermaye ihracı gereksinimi **ekonomik bunalımda** ifadesini buldu. Var olan egemen ideoloji ile – *geniş burjuva anlamıyla Kemalizm diyelim*- gereksinim duyulan "dini toplumsal anlayış" arasındaki çelişki – her ne kadarda MHP ile kapatılmaya çalışılsa da- **egemen ideolojideki bunalımda** ifadesini buldu. Gerekli olan siyasi liderliğin diğerleri üzerine var olan "parlamenter sistem" sınırları içinde empoze etmenin olanaksızlığı, **"siyasi bunalımda" ifadesini buldu.** Bunlar **YENİ** bir egemen ideoloji, **YENİ** bir sistem yaratma pratiğiyle kendisini Faşizm olgusuyla buluşturdu.

Türkiye'de **yeni egemen ideolojinin oluşturulması** ve *(din kisvesi altında içte ve dışta nüfus alanlarını genişletmeyi hedef alan)* Dini Faşizmin inşası 1990'larda başladı, erken 2000'lerde **"koalisyon Faşizmine"** adım atıldı, 2017 deki referandum la, parlamenter sistemden, **Başkanlık sistem biçimine geçişle, devamında** tüm kurumları eline geçirerek <u>**Faşizmin inşası tamamlandı.**</u>

1970 ve 80'lerin faşizminden gerek ekonomik ve gerekse sınıfsal yapı -komprador olma- özelliği ve geliş biçimi anlamında farklı olarak dini-Faşizmin Türkiye de ki bu gelişimi, bir **koalisyon faşizminden,** büyük sermayenin de desteğini alarak faşizmin oluşturulması bakımından **İtalya ve Almanya ile büyük ölçüde benzerlik taşıyor.** Aynı şekilde **dış politikasındaki** gelişmelerde benzerlik taşımaktadır.

Bu **dengesiz ekonomik değişim** sadece içte sermaye arası yeni rekabet ve çıkar çatışmalarının doğmasına neden olmakla kalmadı, **sermaye ihracı zorunluluğu nedeniyle, dışta da rekabet ve çıkar çatışmalarına neden oldu.**

İçteki sermaye bloğu arası çelişki sermaye içi bir ya da birkaç grubun, özellikle "yeni oluşan ve palazlanan" grubun diğerlerine önderliklerini dayatması ile ve AKP-MHP **faşist koalisyonun** oluşturulması ile sonuçlandı.

Bu anlamda, İtalya da ve Almanya da olduğu gibi, Erdoğan'ın ve AKP'nin "**tarihi görevi**" bu palazlanan "yeni" sermaye ile "eski" tekelci sermaye **arasındaki çelişkileri "uyum' haline getirmek** ve **gerek iç pazarın ve gerekse dış pazarın** yağmalanmasından aslan payı alabilmeleri için gereken pratikler içine girmesini kolaylaştıracak **ortam ve şartları yaratmak, bunu yaratacak siyasi sistemi oluşturmak oldu.**

İçteki talan ve soygun, **yeni -dinci- egemen ideolojinin hakimiyeti** için bütün devlet kurumlarının **seferber edilmesi, baskılar, hukuksuzluk, adaletsizlik, kayyum atamaları, vs., gözünde öznel siyah gözlük olmayan herkes için barizdir.** Faşist iktidarın Dışa yansıyan özelliği üzerine gelirsek;

İçteki sermayenin gelişmesi ve sermaye birikiminin sonucu olarak, Buharin, aynı zamanda, "üretim, ticaret ve **yatırımın ulusal sınırların dışına çıkması ve küresel ölçekte örgütlenme eğilimi olmasının kaçınılmazlığını "vurgular.** (1)

Ekonomik rekabet giderek jeopolitik rekabet biçiminde olma eğilimine dönüşür. Başka bir deyişle, ekonomik rekabet, devletler, bölgeler ve nüfuz alanı genişletmek için devletler arasındaki siyasi ve askeri rekabetlerin oluşmasıyla ifade edilir.

Türkiye sermayesinin geldiği yer "büyük güçler " arasında kendisine yer bulma, bu amaçla da, Türkiye içinde, **gerekli** siyasi ortam ve şartları yaratmaktır. AKP'nin üstlendiği görev tam da bununla ilgilidir. Yani Türkiye **deki Faşizmin geliş nedenlerinin** azami- dış ile ilgili olanı budur.

Afrika da Mısıra ve Fransa ya karşı

Yatırımlarının ve askeri varlığının olduğu Suriye'yi, Irak'ı, Balkanları ve Asya ülkelerini bir yana bırakalım, Afrika örneğini verelim. Türkiye'nin Libya Ulusal Mutabakat Hükümeti'ni korumaya yönelik askeri müdahalesinin ardından, Ankara Libya'da askeri hava ve deniz üssü kurma planları içinde. Bölgenin stratejik durumunu Türkiye lehine daha fazla yeniden yönlendiren iki Libya üssü, Türkiye'nin milyarlarca dolarlık yatırımlar yaptığı Kuzey Afrika ve Sahil ülkeleriyle ilişkisini ve yatırımını korumasını güçlendirme yönünde. Afrika'da Türkiye'nin yatırımları ve askeri konumlanması nedeniyle potansiyel bir etki-alanı kaybetmekle karşı karşıya kalan Fransa, Türkiye'nin Libya'daki rakipleriyle daha derin bir şekilde ilişkilere geçme yolunda.

Türkiye'nin Libya'da sadece inşaat üzerine yatırımları, Libya'nın yatırım projelerinin **yüzde 20 sini oluşturuyor.** 2019 da **Türkiye Çin in ardından Libya ya yatırımı en yüksek olan ülke haline geldi.** Diğerleriyle genelde karşılaştırıldığında Libya'daki yatırım çok geride olmasına rağmen, istatistiklere göre bu yatırımlardan Türkiye 1.3 Milyar dolar kar elde etti. 2010 -16 arası Türkiye Afrika'da 26 elçilik açtı. Afrika'nın en önemli **ekonomik ülkelerinden Senegal, Gambia,** devamında Çin ve onu takiben Fransa'nın ihracat alanı olan **Cezayir ile** 5 Milyar dolarlık bir anlaşmanın büyük çoğunluğu yaşama uygulanmasıyla Türkiye **Cezayir'de ilk 4 yatırım ülkelerinin arasına girdi.**

Aynı şekilde Mısır ve Suudileri endişeye düşürecek şekilde Mogadişu Somali de **Türkiye'nin dışında en geniş alana sahip olan, 4 kilometre kare askeri üs oluşturdu.** Ayni şekilde **Sudanda hem kara hem deniz askeri üs çalışmaları, Nijerya** ile askeri yardım ve eğitme çalışmaları, Nijerya'da **madencilik arama ve işletme tavizl**eri, özellikle elektriğinin 4 te 3 ünü Nijerya'daki uranyum ve nükleer tesislerden elde eden **Fransa'yı endişeye sürükledi.** Ayni şekilde Türkiye'nin 7,6 milyarlık dış yatırımının 2,5 milyarlık kısmını teşkil eden **Etiyopya'daki gelişmelerde** Mısır la - ve onun en büyük silah satıcısı olan Fransa – ile ilişkileri çıkmaza soktu.

Genelde ise Afrika'nın 45 ülkesiyle ticaret ilişkisinde olan, sadece taşımacılık -tren yolları, hava yolları ve yol, üst yapı vb., ile **yatırımları 500 Milyar dolar olan Çin ile**, aynı zamanda Tanzanya gibi ülkelerde, **Türk Exim bank tarafından finanse edilen** Tren yolları inşaatı üzerine Türkiye şirketleriyle **kimi yerde ortak kimi yerde rekabet içindeler.** Türkiye şirketleri aynı zamanda Suudi Arabistan gibi diğer ülkelerin şirketlerinin başlattığı – **örneğin Senegal hava yolları-** büyük projeleri de **tamamlama anlaşmalarını üsleniyorlar.**

Türk inşat şirketlerinin Afrika'daki projelerinin 2019 da ki toplam değeri 8,5 milyar dolara ulaşıyor. Gerçi Çin ile karşılaştığında averaj yıllık 20 ila 40 milyar dolar arasında olan Türkiye kaynaklı inşaat projesi, **Çin in inşaat projeleri toplamının yüzde 10 unu oluşturmakta.** Ancak, dış inşaat şirketleri sayısında **Türkiye Çin den (65) sonra ikinci (40)** sırada yer almakta.

Türkiye'nin **Etiyopya'daki** şirket sayısı 14 yıl içinde (2019 verileri) **3 ten 200 e yükseldi.**

Kısacası **Türkiye kaynaklı şirketler** İngiltere, Güney Kore ve özellikle Fransa'ya karşı, kimi alanlarda Çin ile de **rekabet içinde** Afrika'da etki alanı yaratma, yatırımlarını koruma çatışması içerisinde.

İnsanların büyük çoğunluğu, özellikle AKP'nin şeriatçılarına, kadınları aşağılayıcı siyaset ve pratiklerine muhalefet saflarındalar, ancak **anti-faşist bir cephe hareketi** olmadığından, onları saflara kazanma, örgütleme ve harekete geçirme konusu ve pratiği sadece sözlerde kalıyor.

İşçi sınıfının faşizmin saldırılarına karşı direnişi ne kadar güçlü olursa, faşizmin ayakta kalması o kadar zorlaşır. Ancak böylesine bir direnişin örgütlenmesi ve hayata uygulanması, nüfusun umutsuz, kararsız, yalpalayan tüm katmanlarını saflarına kazanabilmesi için İşçi sınıfın birliğinin sağlanması, anti-faşist Cephenin oluşturulması gerekir.

Ancak eğer faşizmin olduğu bir ülkede **"faşizm yok" deniyorsa**, zaten onlar açısından anti-faşist bir Cephe söz konusu olamaz. Onlar faşizmin kendi kendine "çözülmesini!!" bekliyorlar. Yani onlar sermaye içindeki gerek iç ve gerekse dış politikalar – özellikle stratejik ortaklıklardan- kaynaklanan çelişkilerin derinleşmesi ve **sermayenin diğer bir kesiminin** (*her türlü askeri darbelere karşı olduklarına göre*) bir çeşit sivil-darbesi ile **faşizmin "çözülmesini" umutla bekliyorlar.** Gerçi bunlar bu "çözülmenin de" esas olarak emekçi halkın mücadelesinin gelişmesi ve güçlenmesine bağlı olduğunun bilincindeler. Ve aynı zamanda faşizmin sadece devrimle yıkılıp, yok edile bilineceğinin de bilincindeler. Ancak onların reformist tercihi, güçler dengesindeki değişimlere bağımlı olarak ve mücadelenin zorlaması etkeniyle, sermayenin diğer kesiminin "demokrasi oyunları" ve " **aldatıcı ama etken reformlar**" yoluyla "çözülmeyi" sağlamasını bekliyorlar.

Kendisini Solcu olarak görenlerin, sermayenin en büyük ailelerinden kişilere "hela olsun, çok iyi adamlar, demokratlar, bravo" **denildiği bir ülkede**, belki de bu yolu seçmekle haklılar. Ama bu yol, Marksist Leninist değil, **reformist bir yoldur.**

Olası sorulara açıklık getirmek için **Eleştiri, Yorum , Sorular ve cevaplar**

Türkiye'deki devrimci mücadeleye aktif olarak ve gerek yazıları ve gerekse kitaplarıyla yarım asır hizmet etmiş hocanın sorularından;

1- "Anladığım kadarıyla Türkiye'ye "emperyalist" ya da "alt-emperyalist" demiyorsun. Böyle kestirmeden gitseydin faşizmin bir şartı daha yerine geldi diyebilirdin ama bu kolaycılığa kaçmıyorsun ve bu iddiada bulunanlardan daha sağlam bir zemin üzerinde duruyorsun. …. Emperyalizmin teorisi de elbette faşizminki kadar önemli. Neyse ki, sen böyle kolaycılığa prim vermiyorsun. Güç-hegemonya arayışı-dış pazar ihtiyacı-rekabetler-çelişkiler-sınırlar dışına çıkma dinamikleri bağlamında hareket ediyorsun. Bu iyi çünkü burada bir şeyi ispat edeceğim diye bir başka tuzağa düşmek mümkün. Bu konuyu Lenin'in emperyalizm çözümlemesinden hareket etmek yerine Buharin'e bağlaman ve onun analizlerinden yola çıkman çok yerinde olmuş."

Bana göre; Türkiye emperyalist mi - alt emperyalist mi sorusu Emperyalizm teorisinin genel ilkelerine saplanıp kalarak değerlendirilemez. Rusya da Çarlık döneminde **tekelci kapitalistler yoktu ama Lenin onu Emperyalist olarak tanımladı**. Türkiye'de ise 90lardan sonra dengesiz bir ekonomik gelişme oldu ve artık **dünyaya sermaye ihracı yapan yeni tekelci-sermayeler oluştu**. Buna İlave ve sonucu olarak **"saldırganlık" politikası** kendini açıkça ortaya koydu. Türkiye artık **"emperyalist uşağı" olma** durumundan kendisini, gücü oranında **dünyadaki yağma ve talandan** pay almaya çalışan, büyük emperyalist güçler arasında dans eden, stratejik ortaklıklar seçim "tehditleri" **savunan bir**

emperyalist güç haline geldi. Emperyalist teorik tanımlamasına göre Kore de, Brezilyada, Hindistan'da "emperyalist" , Türkiye bunlardan farklı olarak bir sürü ülkeler de **askeri varlığı olan ve işgal-ilhak politikasını uygulayan bir ülke durumunda.**

2. Bir soru yanıtlansa iyi olur: Almanya'da Nazi-faşist rejim, Hitler Şansölye olunca mı başladı, yoksa ünlü yangın provokasyonu sonrasında sonra mı?

Sorunuza ve benzer sorularınıza cevaben; Faşizmin başlamasını "**şu günde, şu olayla, ve şöyle başladı**" gibi bir değerlendirmeyi doğru bulmuyorum. Çünkü bu faşizmi onun sınıfsal temelinden ve "**asıl nedeninden**", "ekonomik ve siyasi" temelinden kopararak, onu **faşizmin oluşturulması-inşası** ile ilgili planlı, programlı, **taktiksel "olaylara" bağlamak olur.** Faşizmin inşası "**sermayenin içine düştüğü siyasi krizden var olan sistem biçimiyle çıkaramayacağını anladığı**" anda zaten başlar.

3. Bu sorunun yanıtı neden önemli? Uçurumun kenarına gelmek mi, aşağı düşerken ki aşama mı, düşüp parçalanmanın başlama anı ve sonrası mı belirleyici? Ara aşamayı (havada asılıyken) atlarsak, şunu söyleyebiliriz: Senin bu çalışmada önem verdiğin halk cephesinden/ittifaklar siyasetinden sosyal demokratlarla ilişkilere, mücadele ve örgütlenmenin yöntemlerinden taktiklerin ve hedeflerin seçimine kadar pek çok şey durumun tespitine bağlı. Durumun teşhisindeki hata zincirleme bütün bunlarda onulmaz yanlışlara ve zaaflara neden olur. Sana bir şey empoze etmeye çalışmıyorum. Sadece açılması gereken noktalar ihtiyacının mantığını ortaya koymaya çalışıyorum.

Sorunuza Cevaben; Zaten **faşizm tespitinin kendisi**, gerek güçler dengesi , ekonomik ve siyasi özgül şartları da içine alan **somut "Durum tespitidir".**

> 4. İç ve dış koşullar, elbette faşist niyetlerin gerçeğe dönüştürülmesi, hayata geçirilebilmesi için önemli. Örneğin, İngiltere ve Fransa, Sovyetlerin üzerine sürebilecekleri umuduyla, Hitler'in önünü açtılar. Son pişmanlıksa fayda etmedi, olan olmuştu. Bugün, Batı (emperyalizm-ABD-AB) burada değinmeye gerek olmayan pek çok çelişki ve çatışkıdan dolayı acaba Erdoğan rejimine benzer biçimde davranıyorlar mı? Hatta acaba Rusya ve Çin, yaratacağı çok yönlü provokasyon ve riski düşünerek Türkiye'de böyle açık yerleşik bir faşist rejim isterler mi? Bunların hepsi, yani dış dinamik gerçekten iyice çaresiz mi? Ya da zaten bir şeyler yapıyorlar mı? Yaşanan gerginlikler tam da bu mu?

Türkiye ve emperyalistler konusunda; ben "dereceli de olsa gelişmiş kapitalist ülkelerde **Faşizmi "dış güçlerin" empoze ettiği ve onların "onaylamasından" geçmek zorunda olan bir sistem biçimi olarak görmüyorum** - özellikle kapitalizmin gelişmiş olduğu ülkelerde özel ve genel deki durum ve şartlara bağlı olarak **içteki tekelci sermaye arası çelişkilere** ve **sermaye ile işçi sınıfı arasındaki o özgülde** derinleşen **çelişkilere bağlıyorum.**

İlave olarak; Türkiye'de etken olan **"faşizm sadece dışardan emperyalist güdümlü olabilir"** anlayışı, birincisi "içteki siyasi bunalımı göz ardı eden", ikincisi, Türkiye'yi ekonomik olarak hala durağan, değişmemiş olarak gören mekanik bir anlayıştır. İşte bu mekanik bakış açısı "Türkiye'de faşizm" konusunda sınıfsal değerlendirmenin önünde engel oluşturuyor ve reformist algılamalara ve çözümlemelere yönelmeye neden oluyor.

5.   İçerideki büyük bir burjuva bloktaki (TÜSİAD-MÜSIAD) çatlak ve çelişkilere değiniyor ve çok güzel tespitlerde bulunuyorsun (örneğin bana gönderdiğin metinde s. 86 beşinci paragraf). Bu nesnel durum, faşist rejimi hâkim kılmada (ya da tam, bütün kurumları ve kurallarıyla inşa etmede) önemli bir engel değil mi? Değilse, neden? Engelse, nasıl aşıldı, aşılıyor?

Bana göre TUSİAD- MUSIAD bunların ve diğerlerinin **aralarındaki gruplaşmalardan** bir grubun diğerlerine kendi **önderliklerini empoze etmesi Faşizmin tam da açıklamasıdır.** Bu "egemen" grubun desteklediği ve getirdiği iktidarın **ilk ve en önemli görevi** kendi içlerindeki çelişkilerin "UYUMLU" hale getirilmesidir. Yani yeni sistemin onların da çıkarlarına çalışacağına **gerek teorik ve gerekse pratik uygulamalarla,** onların da desteğini kazanmak...Gerek **Almanya ve gerekse İtalya da olan buydu.** Buna yazıda değinmiştim.

6.   Eskinin askeri-bürokratik güçleriyle **işbirlikçi tekelci burjuvazinin ittifakının** kurumları, ekonomik-ideolojik-politik gücü, toplumsal zemini ve emperyalist merkezlerden aldıkları destek bütünüyle çökertilebilmiş midir? Yani, iç ve güç dengelerinin ayrıntılı analizi demek istediğim.

Askeri Bürokrasi - Yazıda da vurguladığım gibi, **Türkiye artık "eski Türkiye " değil.** Askeri **OYAK kendi başına en güçlü sermaye gruplarından birisi haline geldi**, ve askeriyeyi **sadece bir bürokrasi** olmaktan çıkardı. Onların dış askeri-güçlerle olan ilişkileri **artık sadece bir askeri "uşak"**

olmayı aştı, askeri "**ekonomik**" **bir rekabet içine soktu.** Kısacası - sermayenin dışında, onun **sadece bir "bürokratik" kurumu olması tarihe karıştı.**

7- faşizm tabanı – bana göre bu ve benzeri konular "**egemen ideolojideki** bunalım" la ilgili. **Faşizmin oluşması nedeni değil**, **nasıl** oluşturulacağı ile ilgili konular.

> 9.   Çok partili seçimler ve Parlamento'nun varlığı, baskı, zulüm ve devlet (palalı esnaflar, sarıklı cübbeli dinci siviller, vb.) terörüne karşın muhalefetin yasal varlığı, politik etkinlik ve protestoların, örgütlenmenin, hareketlerin, vb. etkisiz ve bastırılıyor da olsa yer üstünde varlıklarını sürdürüyor olmaları ne anlama geliyor, nasıl yorumlanmalı, çerçevede nereye yerleştirilmeli? Bu olgulardan hareketle örneğin Yener Orkunoğlu, rejimi, "faşizan-Bonapartist" olarak nitelendiriyor.

Bana göre, **Muhalefetin, parlamentonun varlığı** ya da yokluğu güçler dengesi ile bağlantılıdır, ama **Faşizmin "olmadığının" belirtileri olamaz.** Bu tür yaklaşımlar, konuyu sınıfsal özünden ayırır, **inşa süreç ve biçimi** ile **faşizmi birbirine karıştırmaya neden olur.**

Yazının Derlemesi ve yorumlamasında kullanılan çevirilerin kaynakları;

(yazıdaki alıntıların tamamı İngilizce kaynağından çevrilmiştir, Thalheimer, Tasca ve E. Bauer'in temel görüşleri, numaralanmamış kaynaklardandır. Yazının kısaltılması çeviriden sonra yapıldığı için numaralamada eksiklikler, hatalar olabilir – yazı akademik "yapısallıktan" çok , konunun açıklanmasını hedef almıştır)

Lenin, The Development of Capitalism in Russia

(1) **Bukharin N.I,** Imperialism and World Economy

(2) **Palme Dutt,** Fascism and Social Revolution

(3) **Angelo Tasca**, Birth and rise of fascism

(4) **Poulantzas**, General Propositions on Fascism and the Dominant Classes

(5) **E. Bauer**, The Character of Fascism

(6) **Harpal Brar**, Bourgeois Democracy and Fascism

(7) **Dimitrov George**, Selected on Fascism

(8) **Clara Zetkin,** The Struggle Against Fascism

(9) **Bordiga**, Fourth Congress of the Communist International

(10) **Stalin Joseph,** The Right Danger in the German Communist Party, **Stalin Joseph**, The International Character of the October Revolution, **Stalin Joseph,** Report to a Meeting of the Active of the Leningrad Organisation of the C.P.S.U.(B.)

(11) **Enver Hoca**, Imperialism and Revolution, **Enver Hoca**, Theory and Practice of the Revolution, **Enver Hoca,** The Marxist-Leninist Movement and the World Crisis of Capitalism

(12) **Otto Bauer,** on "Tactical Lessons of the Austrian Catastrophe

(13) **Gramsci** , Selections from political writings, **Gramsci,** Prison Notebooks,

(14) **Mussolini,** "Il Discorso di Udine", 20 September 1922.

Ernst Thalmann, Biography, the leader of the German party

Kuusinen, Fascism and Social-Fascism

Manuilsky, Revolutionary Crisis, Fascism and War , **Manuilsky**, Otto Bauer's Latest Discovery